授業を豊かにする

筑波大附属特別支援学校の

教材知恵袋

応用・発展編　　筑波大学特別支援教育連携推進グループ　編著

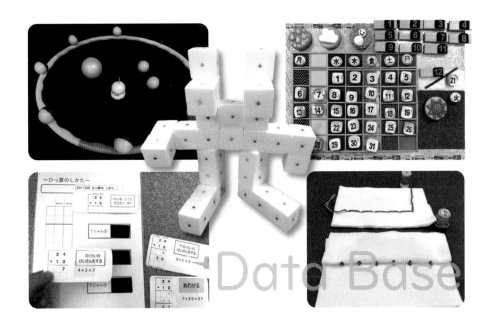

ジアース教育新社

発刊に寄せて

筑波大学附属学校教育局次長
雷坂　浩之

　「筑波大学　特別支援教育　教材・指導法データベース」（以下、「データベース」）は、筑波大学附属特別支援学校群の各障害種の専門性を発信する拠点として、2012年から筑波大学附属学校教育局特別支援教育連携推進グループ（前：特別支援教育研究センター）が長年をかけて整備・拡充を図り公開してきました。

　『筑波大学　特別支援教育　教材・指導法データベース選集1　授業を豊かにする筑波大附属特別支援学校の教材知恵袋〈教科編〉』（2020年3月刊行）の発刊は、データベース選集シリーズの出発点として、まずデータベースの存在を広く周知し、附属特別支援学校群の各障害種で開発した教材や指導法を国内外の指導現場で実際に利活用いただくことが目的でした。さらに、『筑波大学　特別支援教育　教材・指導法データベース選集2　授業を豊かにする筑波大附属特別支援学校の教材知恵袋〈自立活動編〉』（2021年3月刊行）は、附属特別支援学校群の自立活動の指導で長年蓄積した専門性に基づく教材や指導法を厳選して紹介し、自立活動の指導のあり方に悩みを抱える現場の先生方の実践に生かしていただくことを目的として出版しました。

　データベースの特徴としては、単なる教材の紹介のみならず、教材を活用するねらいや指導場面、効果、配慮事項等を写真や映像とともに明確に解説している点にあります。これまでに出版した教科編・自立活動編では、データベースのコンテンツから各テーマに沿った教材を厳選し再構成して掲載しました。おかげさまで、既刊のデータベース選集シリーズは、多くの方々からご好評をいただいております。

　このような取組が評価されて、筑波大学特別支援教育連携推進グループは、2020年度の文部科学大臣優秀教職員表彰(教職員組織)を受賞することができました。これまで当グループを支えていただきました皆様に、深く御礼を申し上げます。

　昨今は、共生社会の形成に向けて、障害のある子どもたちの学びの場が多様に広まりつつあります。データベース選集シリーズの完結編となる本書『筑波大学　特別支援教育　教材・指導法データベース選集3　授業を豊かにする筑波大附属特別支援学校の教材知恵袋〈応用・発展編〉』は、インクルーシブ教育システムの構築を目指し、今後、全国各地での推進と発展がより期待される特別支援教育のさらなる充実を願って発刊しました。

　本書に掲載された教材が学校種や障害種を越えて、それぞれの指導現場で広く利活用されて、個別最適な学びと協働的な学びの実現に向けた実践的な指導の一助となれば幸いです。

　本書の発刊に際しましては、現場の先生方からは教材や指導法に関する沢山のコンテンツをご提供いただきました。また、株式会社ジアース教育新社の皆様には、第1巻の教科編からデータベース選集シリーズを通じて多大なご協力をいただきました。ここに心より御礼申し上げます。

　本書が、障害のある子どもに携わる全ての先生方のお役に立てる佳編となることを願っております。

2024（令和6）年3月吉日

目 次

思いを伝える

見やすさ

手や指の動き

分かりやすさ

交流（スポーツ）

健康管理・安全・環境

巻末資料

おわりに
執筆者一覧

本書の使い方

【教　材】

　本書は、学校現場のさまざまな指導で活用しやすい教材を紹介しています。これらは、筑波大学附属特別支援学校5校及び寄宿舎において活用されてきた教材であり、視覚障害、聴覚障害、知的障害、肢体不自由、知的障害を伴う自閉症等の各障害種の授業で幼児児童生徒への学びを豊かにするものですが、他の障害種、あるいは、障害はなくとも学習に難しさがあるお子さんの学びにも有効と考えられます。通常の学級や通級指導教室、特別支援学級の先生方をはじめ、さまざまな学校種の先生方や、学習に難しさがあるお子さんの保護者に読みやすくなるように工夫しています。

　教材はねらいや指導目標、指導場面等に基づき、「思いを伝える」「見やすさ」「手や指の動き」「分かりやすさ」「交流（スポーツ）」「健康管理・安全・環境」の6つのカテゴリーに分けて紹介しています。

　見開き2ページには、①教材がそれぞれの指導の中で、どのような目的や内容で用いられるのか、②教材の特徴、③用意する物・材料、準備、④使用方法や応用的な使い方、教材のアレンジや工夫等を示しています。

　なお、今回紹介している教材は筑波大学　特別支援教育　教材・指導法データベース（https://www.gakko.otsuka.tsukuba.ac.jp/snerc/kdb/index.html）において公開しています。右のQRコードからスマートフォン等でもご覧になることができます。

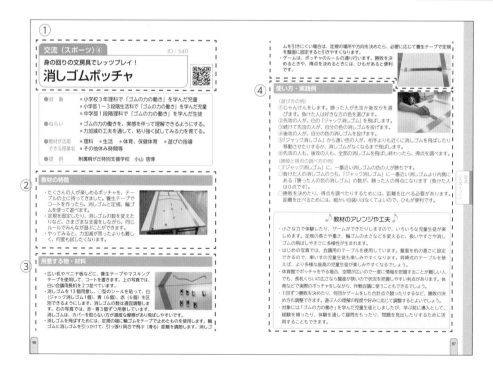

【論説・「特別支援学校の教材・指導法の汎用性」・コラム・巻末資料】

論説では、「インクルーシブ教育システム構築のための特別支援教育の推進」について、学校現場の取組事例を紹介しながら、基本的な考え方や合理的配慮等を分かりやすく解説しています。

「特別支援学校の教材・指導法の汎用性」では、学校種・障害種を越えて活用できる教材と指導法について、具体的な事例を用いながら紹介しています。

コラムでは共生社会の形成に向けて、特別支援学校の教材を通常の学級で活用した実践や各障害の擬似体験や理解、「交流及び共同学習」の取組、ユニバーサルスポーツ等、多様な視点からテーマに迫る 10 の取組を紹介しています。

巻末資料は、そのままコピーをしてお子さんの指導にご活用いただける教材を掲載しています。

いずれも、先生方が授業計画を立てたり、書籍の教材を活用したりする際の参考になれば幸いです。

なお、本書では「筑波大学　特別支援教育　教材・指導法データベース」と『授業を豊かにする筑波大附属特別支援学校の教材知恵袋　教科編、自立活動編』を、下記のように表記します。

「筑波大学　特別支援教育　教材・指導法データベース」
　　→「データベース　ID：○○」
『授業を豊かにする筑波大附属特別支援学校の教材知恵袋　教科編、自立活動編』
　　→『教材知恵袋　○○編』p. ○〜○

筑波大学　特別支援教育
教材・指導法データベースについて

　筑波大学には、研究組織として人間系障害科学域と、附属学校として視覚障害・聴覚障害・知的障害・肢体不自由・知的障害を伴う自閉症に関する特別支援学校が5校あります。「筑波大学　特別支援教育　教材・指導法データベース」は、これらの組織が協働して特別支援教育の発展に資するさまざまな社会的要請に応えうる研究拠点となり、教員の専門性向上に対して役割を果たすことを目的に、附属特別支援学校5校で活用されている教材・指導法を広く発信してきました。現在は610（2024年1月現在）を超える教材を取り扱っており、本書では、その一部を紹介しています。

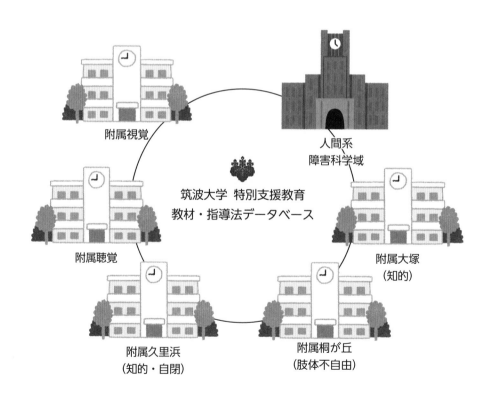

2　どのようなデータベースなのか

（1）教材に関する詳細な情報を紹介しています

　どのような子どもに・どのような指導で使用しているのか、指導の意図や期待される効果等を紹介しています。中には、実際の指導場面の様子を画像や動画で分かりやすく紹介している教材もあります。

　また、英語版も順次公開を開始しており、海外のさまざまな国・地域からアクセスをいただいています。

（2）かんたんに検索できるよう工夫しています

　「障害種別」での検索、国語、音楽等の「各教科別」の検索、特別活動等の「教科以外の場面別」検索はもちろんのこと、フリーワードでの検索も可能です。そのため、どのような指導がしたいのか・子どもがこのような難しさを示している等、複数の視点から教材を探すことができます。

　また、ID 番号からでも検索が可能です。本書には教材名とともにデータベースの ID 番号を掲載しています。

（3）スマートフォンでもご覧になることができます

　「こんな教材はないだろうか？」と思いついたとき、すぐに検索できるようスマートフォン版も公開しています。本書では教材の紹介とともにスマートフォンですぐに検索できるように QR コードをつけています。

3　ちょっと工夫する・いくつかの見方で考えてみる視点の必要性

　データベースに紹介している教材の多くは、身近にあるものをちょっと工夫してみました、というものです。明日の授業で使ってみたいと思っても、取り寄せに時間がかかる、あるいは、高額な費用がかかるというものばかりでは、毎日の指導が成り立ちません。「ちょっとした工夫」という視点を紹介したいというのもこのデータベース公開の目的です。

　また、データベースで紹介した教材は、提供校以外での活用もしています。例えば、視覚障害のある子どもに使用した教材が、視覚に障害のある子どもではないけれど、ものの見え方に課題のある子どもに使用してみたところ、大変有効であったという発見もありました。

　共生社会の形成に向けたインクルーシブ教育システムの構築のために、「〇〇障害」という視点だけではなく「〇〇しにくい」という子どもの学習の難しさに基づいて、教材を検索し、見つけた教材と指導法を参考に工夫をしながら、子ども一人一人に合った教材を活用するという視点が大切ではないかと考えます。

（筑波大学特別支援教育連携推進グループ）

身近なことからできる
インクルーシブ教育システムの整備

1　障害者の権利に関する条約について

　障害者の人権や基本的自由の享受を確保し、障害者の固有の尊厳の尊重を促進すること
を目的とした「障害者の権利に関する条約」は、2006年12月に国連総会にて採択され、
2008年5月に発効、日本は、2007年9月に署名し、2014年1月に条約を批准、141番
目の批准国となりました。

　条約においては、誰もが相互に人格と個性を尊重し支え合い、人々の多様な在り方を相互
に認め合える全員参加型の共生社会を目指すことは、最も積極的に取り組むべき重要な課題
としています。

2　インクルーシブ教育システムと合理的配慮

　「障害者の権利に関する条約」第24条によれば、「インクルーシブ教育システム」
(inclusive education system) とは、人間の多様性の尊重等の強化、障害者が精神的及
び身体的な能力等を可能な最大限度まで発達させ、自由な社会に効果的に参加することを可
能とするとの目的の下、障害のある者と障害のない者が共に学ぶ仕組みであり、障害のある
者が「general education system」（一般的な教育制度）から排除されないこと、自己の
生活する地域において初等中等教育の機会が与えられること、個人に必要な「合理的配慮」
が提供される等が必要とされています。そして、小・中学校における通常の学級、通級によ
る指導、特別支援学級、特別支援学校といった、連続性のある「多様な学びの場」を用意し
ておくことが必要であるとしています（文部科学省ホームページより）。

　2012年7月の中央教育審議会初等中等教育分科会「共生社会の形成に向けたインクルー
シブ教育システム構築のための特別支援教育の推進」の中では、「障害のある子どもと障害
のない子どもが、できるだけ同じ場で共に学ぶことを基本的な方向としつつも、それぞれの
子どもが、授業内容が分かり学習活動に参加している実感・達成感を持ちながら、充実した
時間を過ごしつつ、生きる力を身に付けていけるかどうか、これが最も本質的な視点であ
り、そのための環境整備が必要である」と報告されています。

　そのために不可欠な「合理的配慮」の提供は、障害のある子どもが、他の子どもと平等に
「教育を受ける権利」を享有・行使することを確保するために、学校の設置者及び学校が必
要かつ適当な変更・調整を行うことであり、教育内容・方法、支援体制、施設・設備の3観
点、学習上又は生活上の困難を改善・克服するための配慮、専門性のある指導体制の整備、
発達、障害の状態及び特性に応じた指導ができる施設・設備の配慮等、11項目が示されて
います。この項目の中には、「障害の状態等に応じた情報保障やコミュニケーションの方法
について配慮するとともに、教材（ICT及び補助用具を含む）の活用について配慮する。」
ことが記載され、幼児児童生徒一人一人の障害の状態、障害の特性、認知特性、体の動き、

感覚等に応じた関わりや指導方法、教材活用の配慮も挙げられています。

読み書きが苦手で、板書が難しいお子さんに対して、「板書計画を印刷して配布すること」、それは、対象である学習障害のお子さんへの合理的配慮ですが、全てのお子さんにとっての分かりやすさにつながることではないでしょうか。この子に

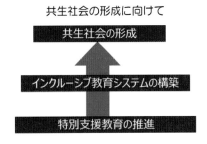
共生社会の形成に向けて

特別な配慮をする、といった視点から、その配慮をすることが、クラスの全ての子どもたちの分かりやすさ、理解につながるといった考え方が大切なのではないかと思います。各学校で、当然だと思って実践していることが合理的配慮であり、インクルーシブ教育システムの推進に向けた取組であるといえると思います。

3　インクルーシブ教育システムの推進に係る取組事例の紹介

（1）A小学校の特別支援教育コーディネーターによる情報発信

校内の教職員対象に特別支援教育の理解・啓発の必要性を感じてきつつも、研修時間を設けることがなかなか難しい状況にあったため、通常の学級担任が困っていることを取り上げて、事例を解説する「特別支援教育コーディネーターだより」を創刊しました。たよりの中では、研修で得た情報や教材等の紹介の他、教員の困りごとを一緒に考えたり、特別支援教育コーディネーターに相談するきっかけづくりを心掛けたりしながら、具体的な内容を盛り込んだ情報発信を行い、日常的な学びのツールとしました。

（2）B高等学校における対象となる生徒への必要な支援や配慮の提供

入学前に、中学校との引継ぎに始まり、入学前相談での保護者からの聞き取り、入学後には生徒の保健状態や実態調査を行い、その結果を全教職員で共有する、養護教諭が「配慮の必要な生徒」という冊子を作成し、共有する、特別支援教育コーディネーターが発達障害の特性に関する説明資料を作成し、各教科担任に配布する、授業場面での生徒の様子と理由、手立て、変容を一覧にして共有することで、指導体制や支援方法の改善・工夫に役立てています。また、各担当の生徒の見立てを共有することで生徒理解が深まり、学習全般と各教科の授業に応じて配慮・支援すべきことが明確になっています。

4　最後に

共生社会の形成に向けたインクルーシブ教育システムの構築のためには、各地域や学校等がそれぞれの実情や特色等に応じた取組を進めていくとともに、それらの取組を共有し、学び、自分の地域や学校等に生かすような取組が求められていると思います。

2022年9月、国連障害者権利委員会は、日本政府へ92項目にのぼる勧告を示しました。教育の分野においては、全ての学びの場において、差別や排除がない学習活動への参加が平等に保障される教育が求められたものと考えます。一人ひとりが、それぞれの場で共生社会の担い手となっていくことが求められているのではないでしょうか。

（国立特別支援教育総合研究所特任研究員・前筑波大学附属視覚特別支援学校長　星　祐子）

特別支援学校の教材・指導法の汎用性

　特別支援教育連携推進グループでは、「教材・指導法データベース」に掲載している教材の汎用性について、長い期間をかけて検証を重ねてきました。

　本書で3冊目となる「筑波大学　特別支援教育　教材・指導法データベース選集シリーズ『授業を豊かにする筑波大附属特別支援学校の教材知恵袋』」でご紹介している教材・指導法は、いずれも附属特別支援学校の授業で活用されているものですが、学校種や障害種を越えて、多くの教育現場で幅広く活用できると考えられます。

　具体的には、特定の障害種で使用されている教材について視点を変えることにより、他の障害種の学校の子どもや、障害のない子どもにも活用できるのではないかと考え、特別支援教育連携推進グループでの学習会等での協議や、教育現場との連携を図りながら、教材・指導法の新たな可能性を検討してきました。これまでの検討から、抽象性の高い内容をより理解しやすいように工夫した教材や、学習内容をより細分化あるいは具体的にするという指導方法は、学校種や障害種、障害の有無にかかわらず、非常に有効で汎用性の効果が高いと考えられます。

　ここでは、教材の汎用性について検証した事例から4点を選んで紹介します。

教材例① 「簡単ヘアゴムでビヨーンキャッチゲーム」（ID：71）

（『教材知恵袋　自立活動編』p.64〜65 参照）

　本教材は、ひもを引っ張るというシンプルな動きで他者とのやり取りを学習できます。友だちや教員と協力してゲームに取り組むことや、相手の動きに合わせて自分の動きを調整することをねらいとしています。

　ヘアゴムに4本のひもを結び、向かい合った2人でひもを両手に持って引っ張り、ヘアゴムを広げます。広げたヘアゴムで机上に置いたボールをはさむように移動させたら、息を合わせてヘアゴムを縮めて、ボールをキャッチします。相手の引っ張り具合に応じて自分がひもを引っ張る方向を調整することや、ボールをはさむのにちょうどよいところまでヘアゴムを動かす

写真1　簡単ヘアゴムでビヨーンキャッチゲーム

写真2　車いすに合わせてテーブルの高さを変えることにより、手を動かしやすくなります。

写真3　自分に合った長さのひもを使用することで、ボールを上手にキャッチできるようになりました。

こと等、「協力する」ことの具体的な要素がたくさん含まれています。

　知的障害の特別支援学校で開発された本教材を、視覚障害の特別支援学校小学部と、肢体不自由の特別支援学校小学部で応用してみました。

　視覚障害の特別支援学校では、ひもに鈴等の音が鳴る素材をつけて、キャッチするボールの形状や材質等を工夫するなどして、児童が視覚以外の諸感覚を活用できるように工夫しました。

　肢体不自由の特別支援学校では、車いすに乗っている児童の実態に合わせて、手を動かしやすく、ひもを操作しやすいように環境を整えました。具体的には高さを自在に変えられる昇降テーブルを利用し、児童の手の動かし方にあわせて、ひもの長さを4種類準備し、やりやすい長さのひもを選んでもらうようにしました。このように工夫をしたところ、児童同士で「もう少し右だよ」「せーの」と声をかけ合いながら、夢中になって楽しむことができました。

　どちらの学校の児童も、それぞれの障害に応じた手だて・配慮を講じることで、教材のもともとのねらいと同じように活動ができました。

教材例② 「風船打ち練習機」（ID：284）

（『教材知恵袋　教科編』p.88〜89 参照）

　本教材は、肢体不自由の特別支援学校で開発されたもので、風船の動きに合わせて素早く的確に風船を打つことが難しい児童生徒を対象に、「ボール操作」の向上、風船をしっかり打つ、ねらったところに打つことができるようになることがねらいです。

　使い方は、①釣り竿のように竿の先から垂らしたひもについている風船を、児童生徒の打ちやすい（適切な）打点に配置し、②動作を確認しながら正確な打法を習得します。また、③必要に応じて打点を上下左右にずらして打つ実践に即した練習を行います。児童生徒の実態に合わせた位置に風船を固定することで（ひもの長さは竿にひもを巻くことにより調整が可能です）、落ち着いて打点や動きを確認し、正確な打法を繰り返し練習することができます。

　見えない・見えにくい児童生徒にとっても、宙に浮いているボールを的確に打つことには難しさがあります。そこで、視覚障害のある児童生徒にも本教材を使うことで、同様の効果が得られるのではないかと考え、附属視覚特別支援学校の中学部生徒（以下、視覚障害の生徒）を対象に実践しました。

　教材は基本的に肢体不自由の学校での実践と同様ですが、風船の位置や飛ぶ距離感が視覚障害の生徒につかめるように、風船の結び目に鈴を2種類（鈴は直径1cmと直径1.6cmの2種類で検証しました）取り付けました（写真5参照）。

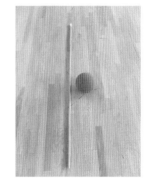

写真4　風船打ち練習機

　指導の流れは次の通りです。

　1．1人ずつ教材を触り、教材全体の構造を理解する

　2．風船の位置を触って確認しながら、自分なりに何度か打ってみる

　3．動作を確認した後、より的確な打法を確認し、練習する

　4．2人の生徒が向かい合って立ち、打ち合いをする（シングルス）
　　①最初は自分の方にある風船を触って確認しながら、相手がいる方向に向けて打つ練習を繰り返す。
　　双方向で風船を打ち合うことができるように、相手は自分のいる位置を「こっち」などの声かけや手ばたきで示す（相手が示す音源に向けて打つ）。
　　②慣れてきたら、風船を持たずに打つ（声や手ばたきも慣れてきたところでなくしていく）。

　5．ダブルス（2対2）、トリプルス（3対3で点字使用生徒と墨字使用生徒の混合）リレー
　　より早く3回正確な方向（相手がいる方向）に打てたチームが勝利

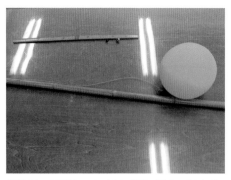

写真5　風船とひもの結び目に鈴をつけます。　　写真6　教材を触って構造を理解する生徒

以下は、生徒と実践に関わった教職員の感想です（教材への改良点も含めます）。

■生徒の感想
・鈴があることで風船の位置がよく分かりました（大きい鈴の方が分かりやすいです）。
・最初は慣れていないので、相手に向けて上手に打てなかったが、相手の声や手ばたきで位置が分かりました。やっていくうちに、音源がなくても方向が分かるようになり、打てるようになってきました。
・練習を繰り返していくことで、遠くまで飛ばせる打ち方が分かりました。
・遠くも面白いけど、高く（上にも）飛ばしてみたいです。
・ひもがもっと長いと、より遠くに飛ばせそうで面白そうです。
・ひもではなく、ゴムにすることでもっと風船が飛ぶ距離がのびそうで、より楽しくなる気がします。

■教職員の感想
・鈴を取り付けることで、音で風船の位置をつかめて良かったです。
・風船の打ち方からボールの打ち方の練習につなげられると思います。
・ペアで、もしくは3人でコミュニケーションを取りながら、集中して活動できていました。
・アイマスクを全員つけて、音を使って風船を打つという取組も良いかもしれません。障害のある子どもと障害のない子どもの交流及び共同学習としても活用できると思います。
・みんなでやることで、「Aさん打って」や「Bさんの方にいったよ」などとチーム内でコミュニケーションをたくさんとれることが良いです。

　このように、使い方や指導支援の方法を配慮することで、肢体不自由の学校の教材が、視覚障害の学校の生徒の実践にも有効であることが分かります。また、工夫次第では障害のある児童生徒と障害のない児童生徒で一緒に活動することができます。

教材例 ③　「上手に衣服を畳もう」（ID：183）

（本書 p.52～53 参照）

　本教材は、衣服を畳む経験が少ない子どものために開発されました。衣服を畳む手順や順序を理解することが難しい子どもが、衣服をスムーズに畳むことができるように工夫された教材です。教材や使い方の詳細については、該当ページをご参照ください。

本教材を、肢体不自由のある児童にアレンジ
して活用しました。手指の細かな操作がなくて
も衣服を畳めるように、本教材と同様のねらい
で作成されている株式会社 tobiraco の「たた
み方れんしゅうボード」をアレンジして使用し
ました。

ボードには右側に畳み方の手順が図で説明さ
れていますが、より着目しやすくするために、
折り目に目印のテープをまっすぐ貼り、手順を
大きく番号で表示しました。また、あらかじめ
ボードの折り目をきっちりつけることにより、
肢体不自由のある児童がスムーズにボードを折
り畳むことができるように工夫しました。

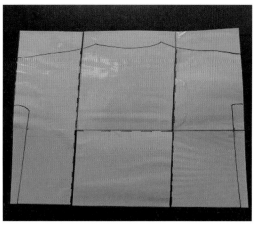

写真7　上手に衣服を畳もう

このボードを活用して、肢体不自由のある児
童がTシャツを畳んでみたところ、「簡単にできた！」と声を弾ませて、繰り返し取り組んでいま
した。傍で様子を見ていた保護者も、「これを使って、家で洗濯物を畳むお手伝いをしてもらえる
かしら。」と笑顔で見守っていました。

衣服を畳む等、日常生活の中で用いる動作が上手にできるようになることは、子どもの自信や達
成感につながります。このような特別支援学校の教材は、通常の学級に在籍する目と手の協応が難
しい子どもや手指を使った作業が苦手な子どもにも有効と考えられます。

写真8　目印のテープに沿ってTシャツを
　　　　畳む様子

写真9　衣服を細かくおさえる必要がなく、
　　　　きれいに畳みやすいです。

教材例 ④　「虫食いプリント」（ID：19）

（『教材知恵袋　教科編』p.32〜33参照）

本教材は、音や音の数を意識しながら正しく話したり書いたりすることが難しい子どものために
開発されました。言葉の一部が空欄になっているため、子どもが穴埋めをしながら学習できるプリ
ントです。

子ども自身で読んだり書いたりすることで、一つ一つの音や音の数に気を付け、正しく話したり
書いたりしようとする意識付けができます。

本教材は聴覚障害のある子どもを対象として開発されて、学校で長く活用されてきましたが、この
教材を通常の学級で工夫をしながら活用しました。実践の詳細は、本書のコラム「特別支援学校の教
材を活用して」（p.28〜30）をご参照ください。本教材を、通常の学級のうち帰国生徒教育学級の生
徒を対象とした家庭科の授業で、アレンジして活用し効果がみられた事例を紹介しています。

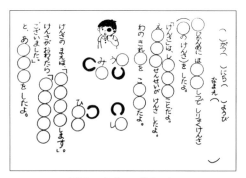

図1　虫食いプリント

B:ヒント

ヒント

[観察] 加熱前後の魚の状態の変化
魚を加熱することでたんぱく質が（ 凝化 → ○変性 ）して（ 硬化 → ○縮 ）
鮭は白身魚なので（ほぐれやす）くなる。

魚の臭みを消す工夫
（ 塩 ）を振って、出てきた（ ドリップ or 水分 ）を拭き取ることで魚の臭みを拭き取る。
スパイスとして（ 胡椒 ）を振る。

うま味をとじ込める工夫
魚から出る（ UMAMI → ○水分 ）を吸収した小麦粉が加熱によってのり状の薄い（ 糊化 → ○膜 ）になって、魚のうま味をとじこめる。

☆元々の文章がよく考えて整理できています！ヒントの内容で元々の文章に書かれていない内容を足して「ヒントを生かして」に整理しましょう。先に元々の文章を「ヒントを生かして」にコピペしてから修正してみるとよいです。頑張ってください！
☆「魚の臭みを消す工夫」の塩とこしょうの働きは異なるのでそれぞれ分けて整理してみましょう。

図2　「ワンポイントアドバイス」シート（B：ヒント）

以上のようにご紹介した事例からは、

①保有する他の諸感覚を活用できるように工夫をしたり、学習するときの姿勢や環境面を配慮したりすることで、もともとの教材のねらいに沿って、障害種を越えて活用できる（「簡単ヘアゴムでビヨーンキャッチゲーム」、「風船打ち練習機」）。

②教材自体を見やすく捉えやすくしたり、使いやすいようにアレンジしたりすることで、多くの子どもに活用できる（「上手に衣服を畳もう」、「虫食いプリント」）。

③障害のある子どもとない子どもがともに学ぶ「交流及び共同学習」にも活用できる（風船打ち練習機）。

ということが分かり、特別支援学校の教材・指導法の高い汎用性が認められます。③の取組については、本書のコラム「特別支援学校との交流会を通したユニバーサルスポーツの開発」（p.102～103）でも紹介していますのでご参照ください。

　本書の論説「身近なことからできるインクルーシブ教育システムの整備」（p.12～13）では、幼児児童生徒一人一人の障害の状態、障害の特性、認知特性、体の動き、感覚等に応じた関わりや指導方法の配慮とともに、教材活用の必要性についても触れています。私たち教員が、子どもの実態を丁寧に捉えながら教材・指導法をよりよく工夫することで、学校種や障害種にかかわらず、一人一人の子どもたちが主体的に学習活動に取り組むことができて、質の高い学びにつながります。

　ここでは検証の一例をご紹介しましたが、本書に掲載している教材はもちろんのこと、教科編や自立活動編に掲載している教材についても、学校種や障害種を越えた活用の有用性が大いに期待できます。

　教材は本書を参考にしながら、ご担当されている幼児児童生徒の実態に合わせて、素材の種類や大きさ、重さ・厚さ等を変えて活用してみてください。教材に少し改良や工夫を加えることで、一人一人に合ったオリジナルの教材が生まれます。

　ご紹介した教材・指導法を、全国ひいては海外での教育現場の指導に生かしてもらえることが、本書のねらいの一つです。読者の皆様からも、「このようにアレンジして活用してみました。」等のアイディアや教材・指導法を活用した感想をいただけましたら幸いです。

（特別支援教育連携推進グループ・附属桐が丘特別支援学校　竹田　恵）
（前特別支援教育連携推進グループ・附属視覚特別支援学校　佐藤　北斗）

思いを伝える

みんなで「選ぶ・決める・伝える」に取り組むゲーム
自己選択・自己決定を育む教材

●対　象	●子どもから大人まで、幅広い年齢で活用できます。
●ねらい	●ゲームを通して、自己選択、自己決定、意思の表明に取り組む。
	●ゲームを通して、楽しく自他の理解や聞くこと、話すことに取り組む。
●教材が活用できる授業名	●各授業のアイスブレイク　●自立活動
●提　供	附属大塚特別支援学校　佐藤　義竹

教材の特徴

・みんなで取り組むことができる2種類のカードのゲームです。2つのイラストから、自分で選ぶことができるしくみになっています。

・小人数グループなどに分かれて、「好き」や「やってみたい」をテーマに1枚のカードに描かれた2つのイラストのうちどちらかを選び、伝えるゲームです。

・「好き」から「やってみたい」へと段階的にテーマを調整しながら取り組むことができます。自然と「自己選択・自己決定」を育む力が培われます。

「すきなの　どっち？」

「トライゲーム　やってみたいのはどっち？」

用意する物・材料

・「すきなの　どっち？」「トライゲーム　やってみたいのはどっち？」

株式会社 tobiraco（トビラコ）　考案：佐藤 義竹

＊株式会社 tobiraco のホームページ（https://tobiraco.co.jp）から購入できます。

使い方・実践例

①（目安として）４人１グループに
　なります。

②カードの裏面が上になるようにし
　て、グループの真ん中に置きま
　す。

③じゃんけんなどで、カードを引く
　順番を決めます。

④勝った人が最初にカードを１枚引
　いて、描かれたイラストのどちら
　が好きか・やってみたいかを答えます。

⑤答えにくいときは「パス」と言って、次の人に順番を回すこともできます。

⑥答え終わったら、次の人が同じように、カードを引いて答えます。

♪ 教材のアレンジや工夫 ♪

・コミュニケーションの楽しさを感じることを土台に、使用環境に応じてさまざま
　な工夫ができるゲームです。ぜひ、使用者に応じて工夫やアレンジを加えて活用
　してみてください。

・自己選択、自己決定、意思の表明をキーワードに作成したゲームですが、使用さ
　れる学習集団によっては、「私は〜が好きです。なぜなら〜だからです。」など、一
　定の話型を意識してやりとりをする学習につなげることもできます。

・使用時においては、学習課題よりもゲームとして子どもたちが楽しく取り組むこ
　とができる環境設定に留意してください。

・どの子どもも「自分で選べた」「相手に伝えられた」という経験ができるよう、子
　どもたちの実態に応じて、カードの種類を調整したり、選びやすいカードを事前
　に用意したりしておくなどの配慮を大切にしてください。

・特別支援学校だけではなく、幼稚園や小学校等でも幅広く活用可能です。

気持ちを視覚化して相手に伝えることができる
きもち・つたえる・ボード

●対　象	●相手の話を聞いてリアクションを示すことに課題がある子ども
●ねらい	●相手の話を聞いて、そのリアクションを視覚的に示すことができる。
●教材が活用できる授業名	●各授業のアイスブレイク　●自立活動
●提　供	附属大塚特別支援学校　佐藤　義竹

教材の特徴

・両面で異なるイラストと文字がかかれたボードです。1箱の中に4枚のボードが入っています。
・両面が異なるイラストなので、相手の視点に立って示すことができるようになっています。
・どのボードも前向きなリアクションの言葉となっているので、話し手と聞き手がお互いにやりとりを楽しむことができるようになっています。

用意する物・材料

・「きもち・つたえる・ボード」株式会社 tobiraco（トビラコ）　考案：佐藤　義竹
　＊株式会社 tobiraco のホームページ（https://tobiraco.co.jp）から購入できます。

使い方・実践例

・自己選択・自己決定を育む教材の手だてとして活用できます。
①４人１グループになり、１人１枚ずつボードを持ちます。
②話し手が話し終わった後に、聞き手はボードでリアクションを示します。

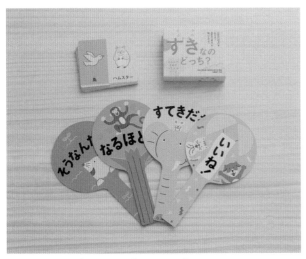 

「すきなの　どっち？」（ID：564）と
「きもち・つたえる・ボード」（ID：566）

♪ 教材のアレンジや工夫 ♪

・自己選択・自己決定を育む教材の手だてとして、作成しました。本書20～21ページの「自己選択・自己決定を育む教材」もご参照ください。それらと併用すると、より効果が高まります。
・コミュニケーションゲーム、話し合い活動、発表など、さまざまな場面で活用することができます。
・「聞いているよ」などのリアクションを前向きなことばとイラストで視覚的に提示することができます。聞き手がボードを使うことで、話し手が聞いてもらっているという実感をもつことができます。
・障害のある、なしにかかわらず、子どもも大人もさまざまな場面で活用できます。使用者の柔軟な発想をもとに、コミュニケーションを広げたり深めたりする手だての一つとして、ぜひ活用してみてください。
・特別支援学校だけではなく、幼稚園や小学校等でも幅広く活用可能です。

思いを伝える③

主体的・対話的な学びに向けた基礎的な姿勢を育む

上手な聞き方・話し方

●対　　象	●聴覚障害を有する児童　　●難聴を有する児童
●ねらい	●話を聞いて分かろうとする姿勢を育む。
	●相手に伝えようとする姿勢を育む。
	●読話の力を伸ばす。　　　●聞いて考える力を養う。
	●伝わる話し方を身に付ける。
●教材が活用 　できる授業名	●話し合い活動　●いろいろな教科
●提　　供	附属聴覚特別支援学校　馬杉　翠

教材の特徴

・相手の話を聞いたり、相手に話したりするときに、大切な項目を分かりやすくポスターにした教材です。

・簡単に作ることができて、持ち運びもできます。

・掲示することで、いつでも確認できて、子どもたちの意識が高まります。

・話し合いの前の確かめや、終わった後の振り返りに使うことができます。

・慣れてくると、子どもたち自身でどうだったかを振りかえるようになります。また、どうしたら伝わりやすくなるか、子ども同士で考えて実践するようになります。

・項目のレイアウトや配置、文字の大きさ等は、お子さんの実態に合わせて工夫して作成してみてください。

用意する物・材料

・画用紙（または色画用紙）　　　・マジック

準備

・子どもたちから見えるように、上の写真にある各5つの項目を画用紙に書いて、黒板の上や

・下に掲示します。
・子どもたちの机を馬蹄形に並べると、子ども同士の顔や口が見えやすくなります。

使い方・実践例

【週初めの朝の会】
・全員で「わかる聞き方」「つたわる話し方」を音読し、確認します。次に、一人ずつ「つたわる話し方」をやってみます。その後、それぞれの話し方の良かったところを伝え合います。

【話し合い活動・学習場面】
・上手に聞いたり話したりできたら、教員が「よく見ていたね。」「終わりまで聞いていたね。」「友だちを見て話したね。」など、できたところや良かったところを褒めます。
・友だちの聞き方や話し方について、5つの項目に沿って、子ども同士で評価し合います（良かったところを伝え合います）。
・分からなかったときは、そのままにしないで、「もう1回言って。」「ゆっくり言って。」「音韻サインをつけて言って。」などと言うように促し、分かるまで聞くようにします。話し手は、①もう一度言う、②ゆっくりと口形に気をつけて言う、③音韻サインをつけて言う、など聞き手に伝わるように工夫します。
・聞き取れてはいるものの理解できていないこともあるため、教員がどういうことか問いかけて確認します。理解していない場合は、再び話し手に説明させたり、教員が補足説明したりします。

♪ 教材のアレンジや工夫 ♪

・人工内耳を装用していても、集団場面になると聞き取りづらくなるといわれています。難聴や人工内耳装用のお子さんが在籍する学級や学校で活用できます。
・名前を呼ばれたら立って話します。話し手は、みんなが見てから話し始めるようにします。聞き手は、誰を見ればよいか分かりやすくなります。注意が持続しづらいお子さんがいる学級でも活用できます。
・朝の会や帰りの会、時間ができたときに、「呼ばれた人を素早く見る」遊びを取り入れると、楽しみながら見る姿勢が育まれ、「わかる聞き方」へとつながります。
・立って話すと、聞き手の子どもたちが見上げたり見づらかったりすることがあります。その場合は、座ったまま話すようにします。
・持ち運びができて、校外学習でも活用できます。
・子どもたちの聞き方・話し方について評価することで、子どもたちのがんばろうという気持ちが強まります。また子どもたち自身が、がんばるところや、気をつけることを意識して取り組むことができます。そして最後に、子どもたちが分かったか、理解できたか、伝わったかを確認し、分かるまでやりとりすることが大切です。

今の気持ちを数値化して視覚的に分かりやすくする

気持ちチェックシート

●対　象	●気持ちが高ぶりやすい児童生徒
	●気持ちが高まってしまったときに、調整をすることが難しい児童生徒
●ねらい	●自分の気持ちの状態を知る。
	●自分の気持ちを調整することができる。
●教材が活用できる授業名	●日常生活の指導　●自立活動（心理的な安定）
●提　供	千葉県立市川特別支援学校　漆畑 千帆
	（前：附属大塚特別支援学校）

教材の特徴

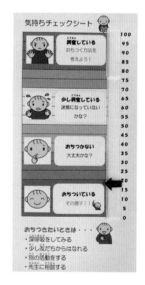

・気持ちが高ぶったり、高ぶってしまったときに調整することが難しかったりする児童生徒に、教員に注意されるのではなく、自分で気が付いて落ち着けるように、本教材を作成しました。

・興奮度を数値化したり、色分けしたりすることで、視覚的に分かりやすくして、自分で今の気持ちがどんな状態か気が付けるようにしました。

・落ち着かないときは、どうしたらよいか選択肢を用意することで、自分で気が付いて行動できるようにしています。

用意する物・材料

【材　料】　・ラミネート　　・面ファスナー

【作り方】

① Microsoft Word ソフトでシートを作成します。本教材では下記のイラストを使用しています。
　視覚支援シンボル集「ドロップス」（NPO 法人ドロップレット・プロジェクト）
　フリー素材集「いらすとや」

②作成したシートをラミネート加工し、数値の横、矢印シートに面ファスナーをつけます。

準備

・学習机にシートをつけ、自分で操作できるようにします。

この矢印シートを動かして自分の気持ち（興奮度）を確認します。

面ファスナーでくっつくようになっています。

使い方・実践例

・数値の横に面ファスナーを貼り、矢印シートを貼り付けて、今の気持ちの興奮度を自分でチェックします。

・赤ゾーン（シート上部）は気持ちが興奮している状態で、青ゾーン（シート下部）は落ち着いている状態を表します。

・自分で数値のところに矢印シートを貼り付け、気持ちの状態に気が付き、調整できるようにします。落ち着かなかったときには、選択肢を用意して、どうすればよいか自分で考えやすくします。

・青ゾーン（落ち着いている）のときには、たくさん称賛し、「この状態がいいのだな！」と気付けたり自信をつけたりできるようにします。

♪ 教材のアレンジや工夫 ♪

・シートを机に貼り付けて使用するほかに、首にかけてカード化することで、いつでもチェックできるようにすることもできます。

首にかけて、いつでもチェックができるように！

・数字や文字が苦手な児童生徒には、色やイラストを工夫してより分かりやすくしてみてください。シート下部の「落ち着きたいときは……」の選択肢は、そのお子さんの好きなことに合わせて作成すると、より実態に合った教材になります。

・また、定期的に「今何色ゾーンかな？」「何パーセントかな？」と聞くことで、シートがなくても自分の気持ちを考えるようになります。

・特別支援学校だけではなく、お子さんの実態に応じて小学校や中学校でも活用が可能です。

特別支援学校の教材を活用して

1 はじめに（取組の概要など）

　お茶の水女子大学附属中学校（以下、本校）では1979年以来、帰国生を対象とした「帰国生徒教育学級」を設置しています。海外から帰国した生徒のうち、その海外在住国と日本における教育の事情が異なるために特別な指導が必要であると認められた生徒に対して、日本の環境に適応するための指導ならびにその研究を行うことを目的としています。

　帰国生徒教育学級の生徒（以下、帰国生）の滞在国や在籍していた学校種によっては、本校に在籍してから、初めて家庭科を学習する生徒もいます。家庭科の学習は、日本の暮らしがベースとなっているため、日本での暮らしが始まったばかりの生徒にとっては、日本の生活様式や生活文化を知る機会にもなっています。一方で、生活様式や生活文化の違いによって、捉え方や理解が難しいと感じている様子も見られます。

2 取組の実際と活用した教材について

　本校家庭科では、調理実習を2年生で行っています。帰国生は2年生になると一般学級の生徒との混入学級に在籍するため、ティーム・ティーチングで授業を実施しています。しかし、帰国生のみの学級で授業をしていた1年生の授業のように、帰国生一人一人の様子に目が行き届く状況での指導が難しいことが課題です。

　授業では、材料に適した加熱調理の仕方を実習で取り組み、実感を持って理解につなげることができるよう心がけて、授業での様子やワークシートの記述内容などを通して理解できているかどうかを確認しています。調理実習では、加熱前後の材料の状態について変化を観察すること、それぞれの調理の工夫や火加減の調整の仕方について確認すること、環境に配慮した調理の工夫などについて、ワークシートに整理しながら振り返りに取り組ませて、理解につなげることができているかを確認しています。

　調理実習後のワークシートの記述内容を確認していると、実習を通してさまざまなことに気づき、理解につなげていく様子が見られる一方で、本時の学習のねらいが理解できているかどうかの判断がつかないこともあります。

　そこで、本時のねらいである本時の要点の整理について、『教材知恵袋 教科編』で紹介されていた教材「虫食いプリント」（ID：19）を活用してみました。学校で扱った事柄や言葉の復習ができるという点から、プリントを手がかりに話し合うことで学習したことをより深めたり、拡げたりすることに着目して、ICTの活用の視点を加えてアレンジして、本時の学習のねらいの理解につなげていくアプローチに取り組むことにしました。

　調理実習後の振り返りのワークシートは、Google Classroom上で課題として配付されているスプレッドシートに入力する形式にしています。生徒が振り返りを行うワークシートには、調理実習をそれぞれの視点で振り返って、観察したことや事前学習と調

理実習を通して確認したことがまとめられています。

　しかし、帰国生の多くは、本時のねらいとして調理実習を通して理解してほしいことについて触れられていない様子が見られました。そこで、昼休みや放課後の時間に帰国生に声をかけて、「虫食いプリント」をアレンジした「ワンポイントアドバイス」アプローチに取り組むことにしました。「ワンポイントアドバイス」は、既に Google Classroom 上で課題として配付されているスプレッドシートに、帰国生のみ追加でシートを挿入して配付し、帰国生とのアドバイスタイムを設けて実施しました。

　ここでは、2年生が取り組んだ調理実習のうち、魚の調理の工夫である「鮭のムニエル」での取組についてご紹介します。

3　取組の流れ

①生徒のワークシート（スプレッドシート）に図1の「ワンポイントアドバイス」の内容が組み込まれたシートを追加する。

②図1のＡ：調理実習後に整理した内容を生徒と一緒に確認する。

③図1のＢ：ヒントに示した内容にあてはまる語句を考えさせる。生徒とやり取りを通して思い出させたり、教科書や事前学習で取り組んだ教材を確認させたりして要点を整理する。

④Ａ：調理実習後に整理した内容とＢ：ヒントをもとにＣ：再考した内容として整理する。

鮭のムニエル
A：調理実習後に整理した内容

着目ポイント	☆実際に調理を通して気付いたこと ★調べて分かったこと（参考文献も表示すること。教科書やスライドの情報でもよい。） ※根拠として★があった方が望ましい。
1	[観察] 加熱前後の魚の状態の変化 焼き目がついてタンパク質の変性により大きさが1回りほど小さくなりました。また鮭の皮がバリバリに見えてきてどんどん美味しそうに見えてきました。
2	魚の臭みを消す工夫 前→塩と胡椒を鮭にかけて臭みを消します！ 後→塩は魚からドリップを出す効果があるので鮭に塩を振ることでドリップがでて、それと同時に臭みがとれるようになります。 こしょうはスパイスで香り付けに使うので直接魚の臭みを消すことはできませんがこしょうのいい香りで臭みを調和できるのではないかと思いました。
3	うま味をとじ込める工夫 鮭を焼く前に水で溶いた片栗粉を鮭につけますそうすると水で溶いた片栗粉はすぐ火が通り、のりの膜を作ります。そうすると香ばしさとパリパリさがでて更に美味しくなります。
4	仕上がりをよくするための火加減の調節（外は"カリッ"中は"ふわっ"） 最初に強火で表面を焼きその後に中火から弱火でなかをじっくりと焼く。
5	最小限の調理器具で調理をする工夫 使い終わったらお皿はすぐに洗い次に別の用途で使うことでたくさんのお皿を使用しなくてもいいようになる。
6	環境に配慮した調理の工夫（食材の活用、後片付け等） フライパンやお皿に残った油をキッチンペーパーで拭き取ってから捨てることと、ゴミをしっかり分別することです。
7	その他

B：ヒント

ヒント

[観察] 加熱前後の魚の状態の変化
魚を加熱することでたんぱく質が（ 凝化 → ◯変性 ）して（ 硬化 → ◯縮 ）む。
鮭は白身魚なので（ ほぐれやす ）くなる。

魚の臭みを消す工夫
（ 塩 ）を振って、出てきた（ ドリップ or 水分 ）を拭き取ることで魚の臭みを拭き取る。
スパイスとして（ 胡椒 ）を振る。

うま味をとじ込める工夫
魚から出る（ UMAMI → ◯水分 ）を吸収した小麦粉が加熱によってのり状の薄い（ 糊化 → ◯膜 ）になって、魚のうま味をとじこめる。

☆元々の文章がよく考えて整理できています！ヒントの内容で元々の文章に書かれていない内容を足して「ヒントを生かして」に整理しましょう。先に元々の文章を「ヒントを生かして」にコピペしてから修正してみるとよいですよ。頑張ってください！
☆「魚の臭みを消す工夫」の塩とこしょうの働きは異なるのでそれぞれ分けて整理してみましょう。

C：再考した内容

ヒントを生かして

[観察] 加熱前後の魚の状態の変化
焦げ目がついてタンパク質の変性により大きさが1回りほど小さくなりました。また鮭の皮がバリバリに見えてきてどんどん美味しそうに見えてきました。

魚の臭みを消す工夫
塩と胡椒を鮭にかけて臭みを消します！
塩は魚からドリップを出す効果があるので鮭に塩を振ることでドリップがでて、それと同時に臭みがとれるようになります。
こしょうはスパイスで香り付けなどに使うので直接魚の臭みを消すことはできませんがこしょうのいい香りで臭み感じにくくすることができるのではないかと思いました。

うま味をとじ込める工夫
鮭を焼く前に水で溶いた片栗小麦粉を鮭につけます。そうすると鮭の水分で片栗小麦粉がはすぐ火が通り、のり状の薄膜を作ります。そうすとうま味がとじ込められ、香ばしさとパリパリさがでて更に美味しくなります。

最初に考えた文章にヒントの内容を加えて、よく考えて文章を整えることができましたね。これからの振り返りでは、実習で観察したことと、事前に確認した要点を関連付けて整理するよう心がけてくださいね。

図1　「ワンポイントアドバイス」シート

4 教材を活用してみて（生徒に効果がみられた点など）

　図1の「ワンポイントアドバイス」シートのうち、「虫食いプリント」をアレンジしたのはＢ：ヒントの部分です。

　Ｂ：ヒントの部分の文章は、調理実習の事前学習で取り組んだ内容の抜粋で、授業で使用したスライドやワークシートに記載されています。アドバイスタイムではじめに生徒だけで（　　）にあてはまる語句を考えさせた際には、正しく答えることが難しい生徒もいました。

　そこで、スライドやワークシートで確認しながら、調理実習の様子を思い起こすことができるよう、生徒とやり取りを行いました。「虫食いプリント」では、音や音の数を意識させるために虫食い部分を〇〇〇とあてはまる文字数が分かるように工夫されていましたが、今回の取組では文字数のヒントがない（　　）の形で用意しました。しかし、生徒の理解度によっては、ヒントとして文字数を示す部分を設けてもよいのではないかと感じました。

　図1の「ワンポイントアドバイス」シートは、既に Google Classroom 上で課題として配付されているスプレッドシートに帰国生のみ追加でシートを挿入するだけなので、手軽に教材を生徒に配付することができます。

　また、個別の対応もしやすい上に、生徒にとっても既に自分が取り組んだワークシートに教材が追加されるため確認しやすく、ワンポイントアドバイスとして気軽に取り組むことができたようです。2年生になり一般生徒の混入学級になると個別の対応を受けることに抵抗を感じる様子も見られますが、他の生徒と同じ教材に個に対応した教材が追加されているので取組に対する抵抗感も少ないように感じました。

　今回は、生徒とのやり取りを通して、これまで学習した教材に目を通しながら考えることを重視したため、Ｂ：ヒントの部分のやり取りは昼休みや放課後に声をかけてアドバイスタイムを設定しましたが、Ｃ：再考した内容のやり取りは Google Classroom のコメント機能を活用しました。

5 特別支援学校の教材を通常の学級で活用することについて

　特別支援学校の授業では、一人一人の生徒とのやり取りを通して、生徒の理解につなげていくことを大切にしているからこそ、特別支援学校の教材や授業づくりのポイントは通常の学級の授業づくりに生かしたいものが多くあります。

　今回「虫食いプリント」のアレンジに取り組むことを通して、帰国生に対するサポート方法の新たな取組を行うことができました。特別支援学校の教材や教材に込められた想いや背景を知ることは、個に応じた指導につながるヒントになることを実感しました。

（お茶の水女子大学附属中学校　有友 愛子）

見やすさ

罫線が見やすく書きやすい
目にやさしい低輝度ノート　A page(ア・ページ)

- ●対　　象　　　●見え方や書き方に配慮が必要な児童生徒（弱視、視覚過敏、書字動作に困難がある等）
- ●ねらい　　　●罫線を意識しながらバランスよく文字を書く。
  - ●大きな文字を書いて細かい部分を理解する。
- ●教材が活用できる授業名　●全教科
- ●提　　供　　　附属視覚特別支援学校　中村　里津子

教材の特徴

- ・罫線は鉛筆の黒色と区別しやすいよう、茶色の太線でくっきりと見やすくなっています。
- ・厚手で丈夫な紙を使用しているので、筆圧を強めに書いても破れにくく、また水性ペンで書いても裏写りしにくくなっています。
- ・淡いクリーム色の紙を使用しているので、反射を抑えてまぶしさが軽減されます。

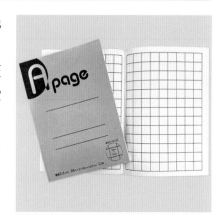

用意する物・材料

- ・方眼タイプ（四角 18mm×18mm，横9マス×縦13マス）と横ケイタイプ（12mm幅，19行）があります。
- ・方眼タイプは横書き、縦書き、どちらにも使用できます。
- ・ノートは左綴じとなっていますが、裏表紙側から使用したり、横ケイタイプのノートを横置き

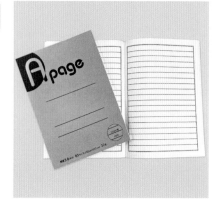

にして縦書きしたりするなど、必要に応じて使用することが可能です。

・下記から購入できます。

　商品名「目にやさしい低輝度ノート　A page（ア・ページ）」

　【製造・販売】富士印刷株式会社　万屋ふじオンラインストア

　　　　　　　　https://store.shopping.yahoo.co.jp/fuji-online-store/

使い方・実践例

・文字を太く濃く書きたい場合は、4B 以上の鉛筆
　や水性ペンを使用します。

・姿勢が前かがみになる場合には、角度調整ができ
　る書見台の上にノートを置いて書字をします。

・視覚障害だけではなく、見え方や書き方に配慮が
　必要な人に幅広く使用することができます。

書見台の上で書字する様子

♪ 教材のアレンジや工夫 ♪

【「弱視ノート」を広く使用していただくために】

　附属視覚特別支援学校では、弱視
児にとって使いやすい「弱視ノート」
を開発し、本校のみならず全国の弱
視児童生徒のために製作・販売して
きました。

　諸般の事情で継続が難しくなり今
後の方針を検討していたところ、視
覚過敏の方向けの用紙を製造してい
る印刷会社が本校の弱視ノートに興
味をもちました。まぶしさを抑え

「弱視ノート」（通称　筑波ノート）

る淡いクリーム色の裏写りしにくい紙や茶色で太い罫線などに着目し、このような
ノートを必要としている人が視覚障害者以外にもいるのではないだろうか、という
ことで、印刷会社によって本校の弱視ノートを模した「目にやさしい低輝度ノート A
page（ア・ページ）」として、一般向けに製造・販売されることになりました。

　もともとは「弱視向けのノート」でしたが、このようなノートが使いやすいという
方々もいらっしゃるので、ぜひこのノートの存在を知っていただきたいです。

順序数で表す空間の位置を楽しみながら覚え、生活でも役立つ

座標引き出し

- ●対　　象　　●空間の位置関係の把握が苦手な児童
- ●ねらい　　●左右・上下の言葉に着目し、数で表された位置を知る。
  - ●左右・上下の位置や方向を数で表すことができる。
- ●教材が活用
  できる授業名　●算数　●数の学習や活動
- ●提　　供　　谷口　洋子（前：附属聴覚特別支援学校）

教材の特徴

・算数の「何番目」の学習を発展させたもので、理解できると日常生活でも役に立ちます。左右・上下の位置が正しいかどうか、引き出しを開けると分かるという活動が児童に興味をもたせ、ゲーム感覚で繰り返し学習できます。

・市販の商品を組み合わせて安く簡単に作れます。

・引き出しケースの数や組み合わせ方を変えることで、学習の難易度を調整することができます。

用意する物・材料

・100円均一ショップ等で売っているミニ3段引き出しケース（幅6cm×奥行7cm×高さ約8cm）

・両面テープやビニールテープ

・引き出しに入れる物（マグネット、おはじき、シール等、児童の興味に合わせて）

準備

・引き出しケースを組み合わせて作ります。その際、動かないように両面テープやビニールテープを使って、ケースの側面や上下を貼り合わせます。

・写真の例では 10 ケースで引き出し 30 個（幅 30cm ×奥行 7 cm ×高さ約 17cm、児童の机にのる大きさ）を準備しました。

使い方・実践例

①教員は児童と対面して座り、ケースの引き出しがある面を児童に向けて机に置きます。

②初めて行う場合、教員は「右（左）から〇番目の引き出しはどれでしょう。」「上（下）から〇番目の引き出しはどれでしょう。」と聞き、何番目の理解を確かめます。児童に正解の引き出しを開けさせ、同じ列や段に複数の引き出しがあることに気付かせます。

③教員は「右（左）から〇番目、上（下）から〇番目はどこでしょう。正解の引き出しは 1 個だけ、ご褒美が入っています。開けてください。」と問題を出します。引き出しを触りながら数えてもよいですが、1 個しか開けないように声をかけます。正解したら同様に問題を出していきます。

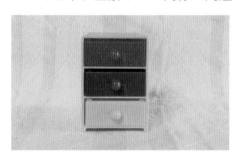

♪ 教材のアレンジや工夫 ♪

・児童の実態に応じて引き出しケースの数や組み合わせ方を変えると、学習の難易度も変わるので毎時間楽しんで学習できます。全体指導でも個別指導でも対応できます。

・ご褒美の工夫で、学習の意欲が高まり集中度も増します。

・正解したら必ず言葉で言わせたり、文章に書かせたりして理解の確認・定着を図ります。

・日常生活では、靴箱やロッカー等を使って、理解度を確かめてみましょう。

・本教材の引き出しケースは、現在は販売されていませんが、類似の商品は 100 円均一ショップでそろえることができます。

手で目盛りを確かめられる
触読用ものさし

●対　象	●ものさしの目盛りが見えない児童生徒
	●ものさしの目盛りを見ることができても、数えることに困難がある児童生徒
●ねらい	●手の感覚を使って長さを測る。
	●手の感覚を使って線分を描く。
●教材が活用できる授業名	●算数・数学　●理科　●図画工作　●技術・家庭
●提　供	附属視覚特別支援学校　内田 智也

教材の特徴

・1mm、5mm、10mmごとに長さの異なる凸線があり、さらに5cm、10cmごとに凸点がついているものさしです（図1の上側）。

図1

・ものさしの端は0cmと30cmになっており、対象物にものさしを当てやすくなっています。

・指先で1mm間隔を読み取ることは難しいので、指先で触れて読み取る目盛りの最小単位を5mmにしてあります。また、5mm間隔の目盛りのところに小さな切込みが入っています（図1の下側）。

・弱視の人が見やすいように、本体の色は明るい紺色、数字と目盛は白色で印字されています。

用意する物・材料

・商品名「触読用ものさし（弱視共用）」
　※日本点字図書館販売サイト　わくわく用具ショップ（yougu.nittento.or.jp）をご参照ください。

使い方・実践例

【長さを測る】

〈例1〉箱の深さを測る場合

(1) 図2のように、ものさしを箱の中で立てます。その際、ものさしが箱の端に当たるようにします。

(2) ものさしが動かないように左手で固定し、ものさしが直方体からはみ出た部分を右手でつまみます。

(3) 触って確認しやすい位置にものさしを移動させて目盛りを数えます。左手で固定して、その場で目盛りを数える場合もあります。

〈例2〉直方体の1辺の長さを測る場合

(1) 図3のように、長さを測りたい辺の端とものさしの端をそろえます。その際、測りたい辺と垂直な辺と、ものさしの短い辺がそろっていることを確かめます。

(2) このあとは例1と同様の流れを行うことで、直方体の1辺の長さを測ることができます。

【線分を描く】

・図4のように、ものさしに沿ってボールペン等で線を描きます。このとき、5mm間隔の目盛りを使うと、切込みを意識することで決まった長さの線分を描くことができます。

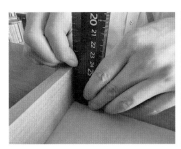

図2   図3   図4

♪ 教材のアレンジや工夫 ♪

・【長さを測る】　例1、例2のいずれにおいても、触ることと見ることで確かめる場合には、ものさしを確認しやすい位置に移すとよいでしょう。

・目で見て目盛りを数えることに不安がある場合にも、ものさしの凸線や凸点に触れることで、確認の手段を増やすことができます。

ID：533

位取りの位置や手順を確認しながら筆算が身に付けられる
筆算の手順表

●対　象	●筆算の手順が身に付きにくい子ども
	●位をそろえて書くことが難しい子ども
●ねらい	●手順表を確認しながら筆算を行うことで、数の大きさ、書く位置を確認しながら筆算の手順を身に付ける。
●教材が活用できる授業名	●算数
●提　供	附属桐が丘特別支援学校　杉林　寛仁

教材の特徴

- ・手順が色分けされて、段階的に書かれています。手順と例示の数字の色が対応しており、どの部分に注目するのか分かりやすくなっています。
- ・手順の中に、数の大きさを意識するための吹き出しがあります。
- ・マスに補助線があり、位が分かりやすくなっています。子どもの様子や学習段階に応じて、位を色で分かりやすくしています。

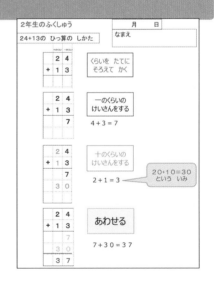

用意する物・材料

【材料】

- ・手順表を印刷したプリント（手順表の一部を巻末に掲載しています。ご活用ください。データベース　ID：533 には PDF 資料で手順表を掲載しています。）
- ・色ペン（教員が子どもと 1 対 1 で学習をする場合、「ここを見てね。」と着目させるときに有効です。）

使い方・実践例

①手順表の1枚目で、筆算の手順について、書かれた数と対応させながら子どもと一緒に確認します。

※十の位の計算では、例えば「2＋1＝3」と計算しても、実際には「20＋10＝30」という意味になります。吹き出しを見ながら、数の大きさについて子どもが正しく理解できているか、確認しましょう。

②2枚目以降のプリントを使って、いろいろな問題に取り組みます。

※本人が慣れて筆算に自信を深めてきたら、「自分で、位と位の間に線を引いてやってみようね。」と声をかけて、補助線を自分で引かせていくとよいでしょう。

※「位を縦にそろえて書く」「一の位の計算をする」「十の位の計算をする」「あわせる」というように、手順を声に出して唱えながら取り組ませることで、定着しやすくなります。

③子どもが自分で位の位置や手順を意識しながら学ぶ習慣を育てていけるように、段階的に少しずつ、補助線や手順が書かれていないプリントに変えていきましょう。

※引き算の指導にも同様の手順で応用できます。

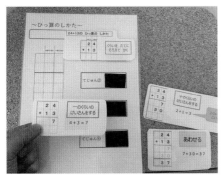

「筆算の手続きカード」（データベース
ID：282 に掲載）

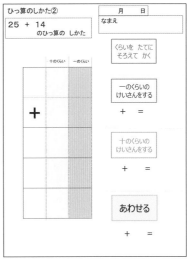

位を色分けしたシート

♪ 教材のアレンジや工夫 ♪

・別途「筆算の手続きカード」（※筆算の各手順を、面ファスナーでつけ外しできるようにした教材です。データベース　ID：282 に掲載しています。）を活用することで、より子どもが自分で筆算の手順を考えながら進めることができます。
・計算のけたが増えても同じ要領でシートを作成しておくと、いろいろな子どもに活用できます。また、かけ算やわり算についても同じように作成できます。
・マスの大きさ、色分けなどは子どもの実態に応じて変えてください。
・巻末資料に手順表の一部を掲載しています。ご参照ください。

見やすさ④

ID：485

角度を簡単に測ることができる

ユニバーサル分度器

- ●対　象
  - ●視覚障害を有する小学部以上の児童生徒
- ●ねらい
  - ●角度の情報を2つに分け測定を容易にする。
  - ●細かい間隔で密集する角度の線による輻輳状態を解消する。
- ●教材が活用できる授業名
  - ●小学校4年算数「角の大きさの表し方を調べよう」
- ●提　供
  国士館大学文学部教育学科非常勤講師　山田　毅
  （前：附属視覚特別支援学校）

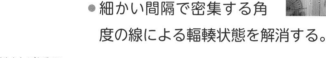

教材の特徴

・従来の分度器による測定で困難を感じていた「合わせる」「読み取る」というステップを分けることで、輻輳状態を解消し、弱視児童でも容易に測定できるようにしました。

透明プラスチック製板を半円に切り抜き線と赤のセロハンを貼ったもの

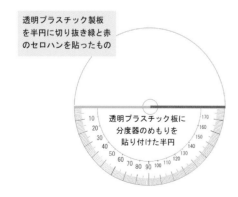

透明な半円を回転させ角度を表す線に赤い線を合わせ、対角になる緑の線が表す角度を読む

用意する物・材料

- 透明プラスチックの板（硬質カードケースなどを利用）
- 分度器の図（教科書に掲載されています）
- カラーセロハン（赤・緑）　※児童生徒が見やすい色を選択してください。
- 両面テープ
- カッター
- はさみ

使い方・実践例

- 角度を測定するめもり付き半円を左手で固定し、右手で透明な半円を回転させて、角度を表す線に赤い線を合わせます。緑の線は対角を表しており、そのめもりを読むことで、対象の角度を測ることができます。

♪ 教材のアレンジや工夫 ♪

- 現行の教科書では、例題や問題は5度間隔で作成されています。今回紹介したユニバーサル分度器のほかに、5度ごとのめもりにしたユニバーサル分度器を作成しました。分度器のサイズを小さくしても、めもりが見やすくなりさらに活用しやすくなりました。

透明プラスチック板に
5度毎のめもりを
貼り付けた半円

◆動画で本教材の使い方を紹介していますので、ご参照ください。
https://www.youtube.com/watch?v=GgvoND_pOic

糸調子の整え方が分かる

糸調子を仲良くさせよう

●対　象	●初めてミシンを扱う生徒
	●線や図を捉えにくい生徒
●ねらい	●ミシンの縫い目の構造を理解することができる。
	●糸調子を整えることができる。
●教材が活用 　できる授業名	●家庭「布を用いて生活を豊かにする小物をつくろう」
●提　供	附属桐が丘特別支援学校　大石　京子

教材の特徴

・ミシンの学習の導入で、縫い目の構造を理解させる
　ために用いる、生徒への提示教材です。2本の毛糸
　で、ミシンの上糸と下糸を表しています。
・ミシンの縫い目を拡大しているので、見やすいです。
　また、実際には見えにくい部分を、開いて確かめるこ
　とができるため、縫い目の構造の理解につながります。
・縫い目の構造が理解できると、上糸と下糸の強さの関係を見極めることができます。
・教材を用いて糸調子の解説をする際は、上糸と下糸を擬人化しながら力関係を表現
　すると、生徒が理解しやすくなります。

用意する物・材料

【材　料】
・フリース生地（穴を開けたり、裁断したりした部分がほつれないので便利です。）
・毛糸：色違いで2本（上糸、下糸を表すため。教科書の図で用いている糸の色と合わせるとよいでしょう。）
・毛糸針（ミシン針に見立てます。）
【作り方】
①フリース生地を扱いやすいサイズに切り、ハトメ抜きで等間隔に穴を開けます。
②生地2枚を合わせて、穴の下に下糸を一直線に伸ばしておきます。
③ハトメ穴から上糸を通して下糸をすくって、再び穴に戻します。
④2枚の生地中央で毛糸が交差するように整えます。
＊ミシン糸の芯を活用して、上糸用と下糸用の毛糸をまいて生徒に提示することで、よりイメージが伝わ
　りやすくなります。

【縫い目の構造】
・毛糸針をハトメ穴に通して下糸と交差させ、引き上げるように同じ穴から毛糸針を戻します。
・教材の布地を1枚めくり、布の厚みの中央の断面と見立てて、上糸と下糸が交差していることを見せます。

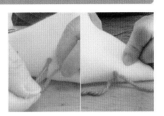

【糸調子の理解】
①上糸と下糸の仲が良い例
・糸調子が整っていると、縫い合わせた布の中央で交差していることを示します。教材と教科書の図を示しながら、例えば次のように糸の様子を擬人化して説明します。

「私も途中まで下りるわ（上糸）。」「私も途中まで上がるわ（下糸）。」と、糸の様子を擬人化して伝えながら、正しい位置で交差している様子を生徒に見せます。

②上糸の調子が強い例
・上糸の赤い毛糸をピーンと張って、下糸との交差部分が表面まで上がってくるように調節しておきます。
・教材を見せて、上糸が張って直線状になっていることに気付かせます。

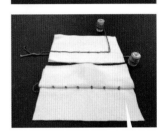

・布の厚みの中央では交差が見られず、下糸だけが通っていることを確認させます。教材と教科書の図を示しながら、次のように説明します。

上糸が強情だと…「私は下に絶対に下りません！いきません！（上糸）」「しかたがない、私が上までいきましょう（下糸）。」と、糸の様子を擬人化して伝えながら、上糸がきついために、下糸が布の表側まで上がってきてしまう様子を見せます。

【糸調子を整える必要性を理解する】
・上糸の赤い毛糸を右横に引っ張ると（左端にある下糸との結び目をほどく）、簡単に上糸が抜けてしまうことを生徒に見せます。

♪ 教材のアレンジや工夫 ♪

・小学校、中学校、高等学校の授業でミシンを扱う単元全般での活用が可能です。
・ミシンの糸調子を正しく見極めるためには、縫い目の構造を正しく理解することが大切です。実際のミシンでは上糸と下糸が同じ色であることが多く、糸調子が良いのか悪いのかを見極めるのは難しいです。また教科書の図では、糸調子が良くないときに糸の具合を点で示してありますが、縫い目の構造を理解していない場合、図から読み取るのは難しいと考えられます。そのため、導入時や学習中に提示できる本教材を考案しました。
・以前は下糸が強い状態も生徒に見せて解説していましたが、糸調子を整える際に下糸側（ボビンのねじ等）を調節することが現在は少なく、教科書でも上糸の調子を整える視点に絞って記されています。現在では上糸側の視点で糸調子の様子を擬人化して話すようにしています。

多様な学びを支える視点
～知的障害教育から～

1　はじめに

　附属大塚特別支援学校（以下、本校）では、2003年頃から地域の各学校（幼稚園・小学校・中学校）と連携し、特別支援教育に関する巡回相談や校内研修会の協力等を行ってきました。そして2017年度には文京区と包括協定を締結し、特別支援教育に関する外部専門委員としても本校職員で分担しながら活動しています。さらに2019年度からは、研究協力校として海外日本人学校への遠隔支援コンサルテーション（受託元：文部科学省、受託先：公財海外子女教育振興財団）に取り組むなど、多機関と連携したさまざまな実践を積み重ねています。

　これまでの多様な連携を通して、「知的障害教育における指導・支援や授業づくりの考え方は、特別支援教育の場に限らず、通常の学級までその知見が広く貢献できるものである」と感じるようになりました。また同時に、校種にとらわれず、私たち教員も広い視点でともに学び合うことを大切にしていきたいと思います。

2　知的障害教育で大事にしている視点

　児童生徒と同じように教員一人一人も多様です。そこにはさまざまな指導観や考え方があります。ただし、特別支援学校学習指導要領解説各教科等編（小学部・中学部）第4章第2節の「知的障害のある児童生徒の教育的対応の基本」（以下「教育的対応の基本」）で説明されているように、知的障害教育としておさえるべき視点があります。教育的対応の基本をもとに、自分なりの指導観や考え方を整理すると、それは「具体的」「反復的」「段階的」「体験的」になるのではないかと考えています（下表）。あくまでも私なりに考えることですので、ぜひみなさんも一人一人の経験や考えを大事にしてください。

視　点	その理由
具体的	子どもにとって具体性のある題材であること。 主体的に関わることができるよう、子どもにとって身近な題材であること、また興味・関心がある題材が大切。
反復的	繰り返しの活動、経験の積み重ねが大切。 経験を通して、少しずつ積み重ねること。単純に同じことの繰り返し一辺倒ではなく、そこには常に活動の工夫や配慮がある。
段階的	スモールステップで考えることが大切。 そのためには、一人一人の実態把握が欠かせない。チェイニング※の視点を大切に、子どもたちが達成感を積み重ねられるようにしたい。
体験的	子どもが自分で動く、取り組むことができる学習内容であることが大切。 常に体験的活動で構成するのではなく、いつ・どこで・どのような体験的活動をするのかを明確に位置付けることが重要。

3 大切にしたい「段階的」の視点

「2」で説明した視点は、児童生徒が主体的に課題に取り組み自信を深めるためには欠かせないものです。ここでは、「段階的」について時計学習を事例に少し詳しく解説していきます。

私たち全員がそうであったように、最初から写真3の文字盤の時計から時刻を読み取ることができたわけではありません。写真1から写真2、そして写真3のように少しずつの段階的を通して「分かった」「できた」を積み重ねてきたはずです。このような段階的な取組を「スモールステップ」といいます。

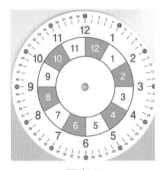

写真1

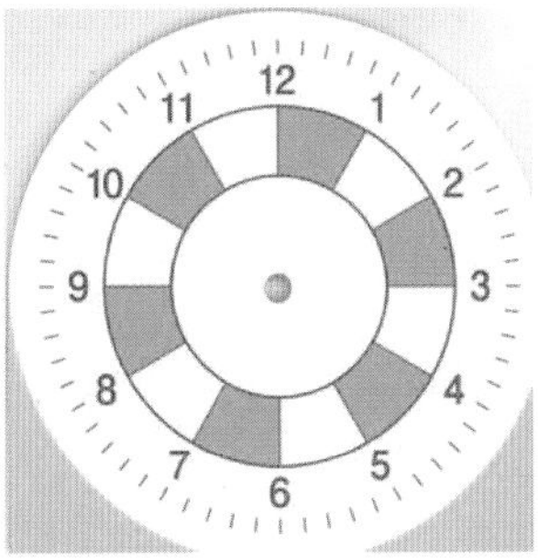

写真2

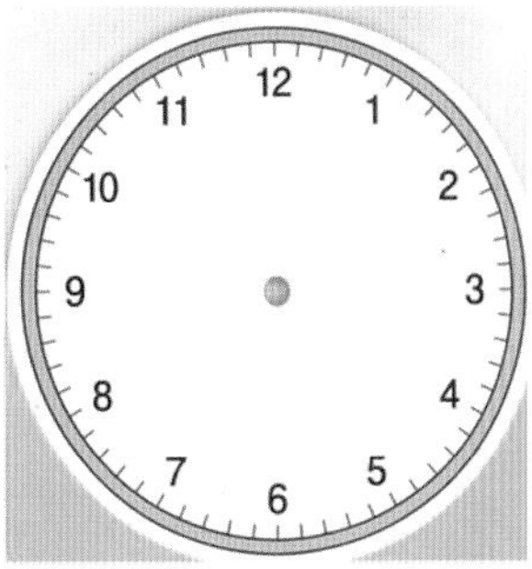

写真3

また、時計学習は実生活の中で活用しながら学ぶことが重要です。例えば掛け時計も、写真4のような読み取りやすい表示が工夫されていることで、時計が苦手な児童生徒もメモリ、数字、色などさまざまな手がかりをもとに、「〇時〇分」と読み取れる可能性が高まります。

写真4 「MAG 知育時計よ〜める」(ノア精密株式会社／データベース ID：567)

4 まとめ

私たち教員が指導・支援を行う際には「学習に達成感を感じ、自信を深めてほしい」「次の課題にも意欲的に取り組んでほしい」など、さまざまな思いや願いが根底にあるはずです。そこでは具体的な姿につながるための視点や手だてが大切です。

これからも、児童生徒の自信や達成感をスモールステップのように少しずつでも積み重ねていくようにしたいと思います。

（附属大塚特別支援学校　佐藤 義竹）

※　チェイニングとは、ある課題をスモールステップに分けて、具体的な支援とともに一つずつ丁寧に学ぶようにして、最終的に最初から最後まで自分で取り組めるようにする支援方法の一つです。

　　例えば、登校時「外靴を下駄箱にしまう」という課題があったとします。大まかに「①靴をぬぐ→②靴を持つ→③靴を下駄箱に入れる」という3つのステップに分けたときに、先生が「ここで靴を脱ぐよ。」などと言葉かけをして児童が靴を脱ぐようにします。その際、「よくできたね。」などのフィードバックが大切です。また次の日は「②靴を持つ」まで同じように支援をしながら、自分で取り組むようにします。そして3日目は①から③まで一連を自分で取り組む…というように、段階的にステップを増やしていくプロセスです。①から順番に行うことを「フォワードチェイニング」、③から逆順に行うことを「バックワードチェイニング」といいます。

見て触って確かめる

1 はじめに

　視覚と触覚の情報量を比べると視覚の方が圧倒的に多いのですが、触覚的な情報が視覚的・聴覚的情報に影響を与えることもあります。「見て触って確かめる」ことは視覚障害にかかわらず、すべての子どもたちの理解を深めることにつながります。

2 視覚障害児が理解しやすい学習方法

　手指で触れて観察する場合、一度に触れられる範囲は狭く、その情報を脳内でつなぎ合わせてイメージを構築するため、目で見るよりも難しいとともに、多くの時間を要します。

　例えば、立方体の学習で用いられている「見取り図」を思い浮かべてみてください。この図は視覚に障害のない人が見た感覚で描かれており、正方形と平行四辺形で描かれています。視覚的な経験のない子どもが、点図で描かれた見取り図を触察したとしても、そこから立方体をイメージするのは非常に難しいということが想像できると思います。

　そのため、点字教科書では、「上から見た図」と「正面から見た図」に置き換えたり、展開図に置き換えたりして立体を描き表すようにしています。

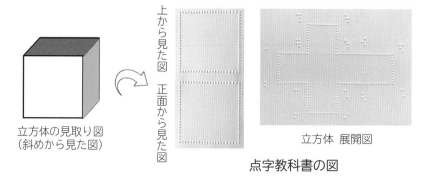

立方体の見取り図
（斜めから見た図）

上から見た図　正面から見た図

立方体 展開図

点字教科書の図

　さらに、点図を触って立体をイメージできるようになるためには、立体（3次元）から半立体（2.5次元）、平面（2次元）へと段階的に移行する過程を学習することが重要です。

　3次元空間に存在する立体が2次元的に偏平化するプロセスや、立体と平面の相関関係についての理解を促すことをねらいとした教材として、「視覚障害児学習用圧縮教材」と「真空成型圧縮教材シート」があります（データベース　ID：418、ID：419）。

　もともとは盲児の絵画の理解を促す教材として開発されたものですが、算数の学習をはじめ、立体的な形を平面上に表現するとどのように表されるのか、といった概念を構築する力を養うためには、このように段階的に学習することが有効です。

　そして、立体と展開図の相関関係の理解を促すために、展開図を立体に変形させる学習が必要です。磁石でつけ外しができる教材「マジキャップ」（『教材知恵袋　教科編』

視覚障害児学習用圧縮教材

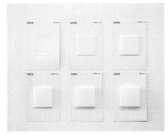
真空成型圧縮教材シート

マジキャップ

p.48 〜 49、データベース　ID：32）は、組み立て、分解が容易で、何度も試行錯誤ができます。自分で操作をすることで、立体が面で構成されていることに気づき、面の形を確かめたり数を数えたりすることができます。また、別の展開図を考えたりする等、発展的な学習につながります。

　このように、手指で触れて観察したり、操作したり、段階的に学習していくことは、通常の学習より時間がかかるので、新しい内容を次々に学習させるのではなく、核になる内容に時間をかけ、系統的に指導を行っていくことが重要です。

3　触って理解できること

　小さすぎるものや大きすぎるもの、遠くにあるもの、危険なもの、壊れやすくて触れられないものは、模型を活用することで、丁寧に観察することができます。例えば、小さなアリは拡大した模型、大きな象は縮小した模型を使うことで、全体の形や細部の構造を知ることができます。

　一方、目で見ただけでは分からないけれど、触れることでよく分かることもあります。例えば、理科の実験における吸熱反応や発熱反応は、丁寧に触って観察することで気づけます。また、ざらざら・つるつるなどの触感、重さの把握など、触覚でこそ得られる情報もあります（「物のあたたまりかた」本書 p.74 〜 75、データベース　ID：130、「手のひらで感じる暖気と寒気の動き実験教材」本書 p.76 〜 77、データベース　ID：494 参照）。

4　「見て触って確かめる」指導で心がけること

　児童生徒が興味をもって能動的に「触りたい」と思える教材を準備すること、また、教材の提示の仕方や説明の仕方を考慮し、教材をじっくり観察するための時間を確保することで、学習意欲の向上と知識の定着が期待できます。視覚障害教育における教材・指導法をヒントにして、さまざまな子どもたちへの指導に応用していただければと思っています。

（特別支援教育連携推進グループ・附属視覚特別支援学校　中村　里津子）

【参考文献】
青柳まゆみ・鳥山由子（2020）『新・視覚障害教育入門』ジアース教育新社

手や指の動き

自分で動かして、形の特徴が分かる
そうさしやすい かたち

●対　象	●手先の細かな動きが難しい幼児児童
	●空間の位置関係の把握が苦手な幼児児童
●ねらい	●自分で形を動かすことを通して、ものの形に着目し、形の特徴を捉えることができる。
	●自分で形を操作することを通して、形を作ったり、分解したりすることができる。
●教材が活用 できる授業名	●算数　●形に関連する学習　●自立活動
●提　供	附属桐が丘特別支援学校　岡本　義治

教材の特徴

・自分だけで形を動かすことができます。算数の「図形」領域で活用できます。

・「図形」領域の形の授業では、一般に紙やシートを使います。細かな動きが難しかったり、位置関係の把握が苦手だったりする子どもは、紙の教材では動かすことだけで精一杯になりがちです。そこで、厚みをつけて自分だけで動かせるようにしました。

・三角形の色板にスポンジで厚みをつけた教材は、指先でつまみにくい子どもでも、自分でつかみ、操作することができます。

・裏面には磁石となるマグネットシートがついているので、ホワイトボードを使用すると細かな調整が簡単にできます。

用意する物・材料

【材　料】 ・厚みのある方眼紙　・色画用紙（＊算数セットの色板でも代用できます）
　　　　　　・はさみ　・のり（両面テープ）　・スポンジ　・マグネットシート

【作り方】 ①方眼紙と色画用紙をはさみで切り取り、のりで貼って、必要な図形（三角形、四角形等）を作ります。算数セットの色板を使うこともできます。
②同様にスポンジを切り取り、①と貼り合わせます。スポンジの裏に、マグネットシートを貼って完成です。

使い方・実践例

次のような授業に活用できます。

【目的】
・色板を使って、いろいろな形を作る。
・自分の作品を発表したり、友だちの作品を見て同じ形を作ったりする。

【使い方・実践例】
①教員が色板を組み合わせた形を提示します（子どもによっては、教員が目の前で色板を組み合わせた形を作ります）。

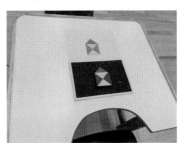

②「色板を使って、形を作ってみましょう。」と声をかけて、色板を配ります。
③子どもは、形や教員の見本を見ながら、同じように作ります。
④難しい場合は、色板の数を減らした形を再提示したり、作る順番を見せたりします。
⑤形が同様に作れるようになったら、色板をいろいろ組み合わせて、さまざまな形を作ります。
⑥自分の作品を発表したり、友だちの作品を見て同じ形を作ったりします。

♪ 教材のアレンジや工夫 ♪

・手先の細かな動きが難しい子どもや、空間の位置関係の把握が苦手な子どもに対して、自立活動でも活用することができます。自立活動においても、自分で形を動かすことが重要です。操作しやすい形を使って、自分で向きを変えたり回転させたりして、授業の目的に応じて活動できるとよいでしょう。
・黒い背景の方が、自分の作品を見やすくなります。ホワイトボードに黒い色紙を貼ると、見やすい背景ができ、自分の作品に集中できます。
・形作りは、子どもによって難しいことがあります。そのようなときは、形の数を減らしてみたり、作る順番、色などを子どもに合わせたりしてみましょう。
・一般的な教材には、自分で動かしたり、見たりすることが難しいものがあります。それらの教材に少し手を加えるだけで、授業がスムーズに進みます。子どもと一緒に楽しみながら教材を作ったり、活用したりしてみてください。

ID：183

型紙を使って畳み方を覚えることができる
上手に衣服を畳もう

●対　象	●洗濯物を畳む経験が少なく、畳む手順や順番が分からない幼児児童生徒
	●実際に手本を見せても同じように畳むことが難しい幼児児童生徒
●ねらい	●衣服を畳む意識を芽生えさせる。
	●衣服を畳む感覚を養い、上手に衣服を畳める力を身に付ける。
●教材が活用できる授業名	●日常生活の指導　●自立活動　等
●提　供	附属久里浜特別支援学校寄宿舎指導員　中田　明斗

教材の特徴

・子どもが型紙に沿って、衣服を畳めるように工夫をした教材です。
・子どもが衣服を置きやすいように、台紙に子どものサイズに合わせた衣服の形を描きました。
・型紙に切れ目を入れて、隙間を設けることで畳みやすいようにしました。
・操作する手順が少ないため、簡単に教材を扱うことができます。
・対象の子どものサイズに合わせた型紙を作成することができます。

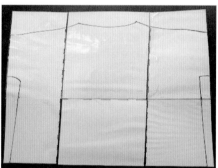

用意する物・材料

【材　料】　・A3、A4用紙（型紙となります）
　　　　　　・ラミネータ、用紙の大きさに合わせたラミネートフィルム（A3、A4）
　　　　　　・ナイロンテープ（大）　・マジック（対象の子どもが分かりやすい色）

【作り方】　①用紙の上に衣服をあてて、下書きの線を引いた後、分かりやすいように
　　　　　　　太い線を上書きします。
　　　　　②下書きした用紙を切り分けて、パーツごとにラミネートをします（衣服
　　　　　　の大きさによってラミネートに収まらない場合は、複数のパーツをつな
　　　　　　ぎ合わせます）。
　　　　　③折り畳みやすいように1cm程の隙間をあけて、ナイロンテープでそれぞ
　　　　　　れのパーツをつなぎ合わせます。

使い方・実践例

・子どもと一緒に衣服の型紙を広げます。実際の衣
　服を型紙の線に合わせて、衣服を置きます（子ど
　もが一人で型紙に衣服を置けない場合には、大人
　が一緒に手を添えながら行います）。
・左右の腕の型紙を順番に折り畳み、最後に胴の
　部分を折り畳みます（導入として、型紙に数字
　を書き込み操作する順番を示すことで、型紙の
　操作や手順の理解が早く進みます）。

♪ 教材のアレンジや工夫 ♪

・本教材は衣服の畳み方が分からない幼児児童生徒でも、パタン、パタンと型紙を
　折り畳むだけである程度畳むことができます。また、「できた。」という気持ちを
　育み、達成感を得られやすいので、畳む練習の導入で利用ができます。
・手指に不自由がある幼児児童でも、型紙の厚みを変えるなど工夫をすることで活
　用ができます。
・上着やズボン、下着類などの種類を増やし型紙をアレンジすることができます。
・本教材はラミネートフィルムを使用しているため、つるつるした机の上など、使
　用場所によっては指先で教材をつかみにくく、操作しにくい場合があります。子
　どもが使用しやすい場所を選んでください。
・素材や使用方法などは、作成する先生のアイデアで自由にカスタマイズしてみて
　ください。
・市販品には、下記の教材があります。同じようなねらいで活用できます。

　「たたみ方れんしゅうボード」
　　株式会社 tobiraco（トビラコ）　https://tobiraco.co.jp

手や指の動き③

ID：443

操作がしやすく集中して取り組むことができる

へんしんキューブ

●対　象	●手先の細かな動きが難しい児童
	●空間の位置関係の把握が苦手な児童
●ねらい	●目的の形を作ったり、かぞえたりしながら考える力を育む。
	●自分でじっくりと操作することにより、形の捉え方や量的な感覚を身に付ける。
●教材が活用できる授業名	●算数　●図画工作　●自立活動
●提　供	附属桐が丘特別支援学校　金子 栄生

教材の特徴

・軽くて、操作がしやすいキューブです。

・色がついていないこと、くっつきやすいことから、注意の持続が難しい児童でも、集中して取り組むことができます。

・キューブどうしを組み合わせると、カチッと音がなるため、手応えがつかみやすいです。

・算数の学習では、「数と計算」「図形」「測定」の領域で活用できます。プリントでは図形の奥行き等が確認できず、イメージがもちにくい児童の学習に適しています。また、形や大きさに着目して区別する場面で視点がもちやすくなります。

〈キューブを使った学習の例〉

・「数と計算」数をかぞえる、対応させて配る、数のまとまり、形が変わっても数は変わらない

・「図形」形を観点に分ける、集める

・「測定」大小や多少で区別する 等

用意する物・材料

【材　料】　・発泡スチロールの立方体（5cm）学習に必要な分　・ネオジム磁石（最小サイズ）　・セロハンテープ（全て100円均一ショップで入手できます）

【作り方】　①発泡スチロールの立方体の全ての面の中心に、ネオジム磁石を手で押し入れます。面に対して凹凸にならないのがポイントです。

②ネオジム磁石が突出しないように、セロハンテープでしっかりと貼り、取れないようにします。

　＊ネオジム磁石は小さいため、児童が誤って飲み込まないように、十分留意してください。

③完成したら、同じように必要な数のキューブを作ってください。

使い方・実践例

・授業のねらいに合わせて、キューブを活用してみてください。

〈例〉

①教員が、児童に提示しやすい場所に座ります。

②教員が数個のキューブで形を作ります。

③作った形を、児童に見せます。

④「先生と同じ形を、作ってみましょう。」と声をかけて、児童にキューブを渡します。

⑤児童は教員の見本を見ながら、同じように作ります。

・授業のねらいや児童の実態等に合わせて、教員の座る位置や見本の示し方、使用するキューブの数を変えてみるとよいでしょう。

♪ 教材のアレンジや工夫 ♪

・手先の動きが難しい児童に対して、自立活動の授業でも活用できます。積み上げたものが離れたり崩れたりしないため、ストレスなく活動を継続できます。

・図画工作で、キューブを使った立体作品を作ることもできます。絵の具で色をつけてみてもよいでしょう。

・キューブを使用した「高さくらべ」「長さくらべ」「重さくらべ」という活動もできます。

・キューブが白いため、黒い背景の上で操作すると見やすくなります。

・児童の発達段階や学習経験に応じて、形や大きさで分類する等、日常生活の中で生かせそうな場面も想定しながら活用してみてください。

　先生方のアイデア次第で、使い道が広がります。身近にある材料で、すぐに作ることができます。児童と一緒に楽しみながら、活用してみてください。

市販のトングを使いやすくアレンジ

もちやすい、はさみやすいトング

●対　象	●スプーンやフォークを親指と人差し指、中指の先で挟んで持ったり、箸を使ったりすることが難しい児童生徒 ●手先の細かな動きが苦手な児童生徒
●ねらい	●親指と人差し指、中指の先で挟む持ち方ができるようになる。 ●手のひらや指の腹で道具を保持しながら、指先を動かして物を挟む感覚を覚え、箸を使う練習につなげる。
●教材が活用 できる授業名	●自立活動　●生活単元学習　●家庭　●生活 ●特別活動
●提　供	附属久里浜特別支援学校

教材の特徴

　手の細かな動きが苦手な子どもは、指でトングを挟んで持つことが難しく、動かそうとすると落としてしまうことがあります。

　手の中で安定してトングを保持することができるように、トングにねじとテープを使ってコルクの玉をつけました。コルクの玉の部分を手のひらで包むことによって、トングがぐらぐらせず安定します。

用意する物・材料

・トング
・コルクの玉（子どもが握りやすい大きさ）
・ねじ
・ビニールテープ

準備

①コルクの玉の先にねじを刺します。

②トングの側面に、ねじとコルクの玉をビニールテープで固定します。固定する位置は、子どもの握りやすさを考慮しましょう。

③子どもにトングを持ってもらい、位置を確認し必要に応じて調整してください。

使い方・実践例

　次は、授業での一例です。子どもの課題に応じて、指導方法を工夫してみましょう。

①トングについているコルクの玉を手のひらで包むようにして持ち、トングを指先で挟むように指導します。最初に、教員が手本を示してもよいでしょう。

②おはじき数個とおはじきを入れるケース、コップを用意します。

③ケースの中のおはじきを1つずつトングで挟んでコップに入れるように指導します。

♪ 教材のアレンジや工夫 ♪

・特別支援学校以外でも、手指の細かな動きが苦手なお子さんに対しても活用できます。

・給食の配膳時にも活用できます。衛生面に留意してください。

・つまむ物の材質や形状、つまむ物を入れる容器の位置などを工夫することで、トングで物を挟む、トングを開いて物を落とす、トングで物をつまんだまま手を移動するなど、動作の難易度を変えて、さなざまな指導で活用することができます。

・下記の教材も、同様の課題があるお子さんに活用が可能です。ご参照ください。

〈参考教材〉

「えんぴつモッテモテ」（データベース　ID：253、『教材知恵袋　教科編』p.14〜15より）

　鉛筆に洗濯ばさみや目玉クリップをつけて、書字や描画動作を安定させます。

片手で簡単にマッチに火をつけられる

マッチストライカー

●対　象	●マッチを初めて使う児童生徒
	●火が怖い、マッチの扱いが苦手な児童生徒
●ねらい	●マッチにひとりで火をつけられることで自信がつき、積極的に実験に取り組めるようになる。
	●1本のマッチで火の性質を学ぶことができる。
●教材が活用できる授業名	●理科（ガスバーナーの点火、水素の点火　等）
●提　供	浜田　志津子（前：附属視覚特別支援学校）

教材の特徴

・片手でマッチに火をつけられるので、もう一方の手は点火しようとする物を支持しておくことができます。

・机に貼り付けた大きなヤスリにマッチを押しつけて1cmほど動かすだけで、簡単に火をつけることができます。

・火がつくところ（マッチの先）と持っているところが離れているので、安心して火をつけられます。

・マッチを怖がる児童生徒には、手を添えて何度か一緒に火をつけてみるとよいでしょう。

用意する物・材料

【材料】

・厚紙（板目紙等）　・塩ビ板（薄手の下敷き等）

・マッチ用すり薬（タックくすり紙*1）　・両面テープ　・ソープホルダー（両面に吸盤付）*2

下記で購入することができます。

＊1　タックくすり紙（400mm×550mm　50枚　20,000円　西山燐寸株式会社）

＊2　ソープホルダー（サクションソープホルダー）

【作り方】

①厚紙（板目紙等）の片面に、シール状のマッチ用すり薬（タックくすり紙）を貼ります。

②①の厚紙のもう一方の面に、両面テープで塩ビ板（薄手の下敷き）を貼ります。塩ビ板を貼った面をA、すり薬を貼った面をBとします。

③②を適当な大きさ（9cm×6cmが使いやすい）に切ります。

④ソープホルダー（C）に、Aの面がくっつくように、Bの面を上にしてのせ、手のひらで上から押さえると机にくっつきます。

⑤マッチストライカー（D）の完成です。

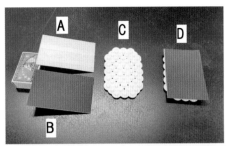

使い方・実践例

〈例1〉火の性質を調べる

①マッチに火をつけ、火がついた方を上にして垂直に持ちます。

②マッチを持っていない手を火の上（20cmくらい上）にかざししばらく待ちます。

③かざした手が、温かさを感じなくなり、火が消えたことが分かります。

④マッチを持っていた手と、上にかざした手のどちらが火に近いか考えます。また、どちらの手が温かかったか考えます。

⑤火が消えたことと、上下の手の温かさの違いから、火の性質や火がついたマッチの持ち方、捨て方を考えましょう。

〈例2〉水素の性質（燃え方）を調べる

①試験管に塩酸とマグネシウムリボンを入れ、親指でふさぎ変化を観察します。

②①の反応が終了したら、指でふさいだまま、試験管立てに立てて持ちます。

③もう一方の手でマッチに火をつけ、試験管の口に火を近づけると同時に親指を放します。

＊始める前に、マッチを持った手を試験管立ての右端にのせ、マッチを試験管側に倒したときに、マッチの先がちょうど試験管の口にくる位置に試験管を立て、試験管の口に火を近づける練習をします。

♪ 教材のアレンジや工夫 ♪

・ガスバーナーに火をつけるときも、火をつける前から、片方の手をガスバーナーのガス調節ねじにおくことができるので、時間短縮になり、火をつけることが容易になります。同時に、安全性も高まります。

輪っかがあるから捕りやすい
捕りやすいしっぽ取り

●対　象	● 細かな手の動きが苦手な児童生徒
	● 空間認知が苦手な児童生徒
●ねらい	● 相手に近づいてしっぽを捕ることで、自分と相手との距離を把握できるようになる。
	● 相手から逃げることを通して、コートの中の空いているスペースを見つけられるようになる。
●教材が活用できる授業名	● 体育　● しっぽ取り　● リレー
●提　供	附属桐が丘特別支援学校　福西　八光

教材の特徴

・しっぽの先に輪っかをつけることで、握る動きが苦手な児童生徒も輪っかに手を引っかけて相手のしっぽを捕ることができます。

・しっぽを捕ったときに面ファスナーがはがれる感触と音がするので、しっぽを捕ったことや捕られたことを実感しやすいです。

・ベルトには長さを調整できる留め具を使用しているので、児童生徒の体の大きさや、車いすの大きさに合わせて使用することができます。

用意する物・材料

【材料】（全て手芸品店で揃います）
カバンテープ（幅3cm 程×1m程）、差し込みバックル、面ファスナー、布（A4 程度の大きさ）、アミングテープ
【作り方】
①カバンテープを差し込みバックルに取りつけます（ベルト）。カバンテープの端は縫う、もしくはライター等であぶってほつれないように処理します。

②カバンテープと、布に面ファスナーを縫いつけます。
③布の端に織り込んで縫い、ひも通し口を作ります。
④ひも通し口にアミングテープを通し、2周ほど巻いてボンドで接着します。

使い方・実践例

【使い方】
・児童生徒の腰や車いすにベルトをつけて、長さ
　を調整します。ベルトの余りが長い場合には結
　ぶ等して長さを調整し、車いすのホイール等に
　巻き込まれないように注意してください。
・面ファスナーでしっぽとなる布をベルト
　につけます。

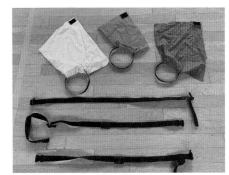

【実践例】
　本教材を用いてコート（12m×6m）の
中で相手のしっぽを捕り合う「しっぽ取り
ゲーム」の授業を行いました。実際に行っ
た3種類のゲームを紹介します。
①コートの中で2人の児童が攻撃と守備に
　分かれ、時間内に相手のしっぽを捕れば
　攻撃側の勝ち、逃げ切れば守備側の勝ち
　とするゲーム。

②①と同様のルールで対戦人数を2対1、2対2と増やしたゲーム。
③②のルールに加えて、攻撃側は相手のしっぽを捕った後に自陣のかごまでしっ
　ぽを運ぶというルールを加えたゲーム。

♪ 教材のアレンジや工夫 ♪

・小学校、中学校で体育や特別活動等、幅広く活用することが可能です。
・布の色を複数用意することでチーム分けに使うことができます。また、ベルト部
　分につける面ファスナーを増やすことで、複数のしっぽを取りつけることができ、
　ゲームの幅を広げることができます。
・しっぽ取りのほかにも、車いすの児童生徒同士がリレーを行う際に次走者のしっ
　ぽを捕ることで、バトンパスの代わりにするといった使い方もできます。
・「鬼ごっこ」や、「だるまさんが転んだ」等で追いかけられる側の児童生徒にしっぽ
　をつけることで、「しっぽがついている人を追いかけるゲーム」とルールを単純化
　して説明することができ、児童生徒のルール理解を促すことができます。

弱い力でもリコーダーの穴を押さえることができる

ふえピタ

●対　象	●リコーダーの穴を押さえることが難しい児童生徒
	●指先の巧緻性に課題のある児童生徒
●ねらい	●リコーダーの穴を押さえやすくすることにより、音を出しやすくする。
	●音を出すことに意識を向けさせ、演奏に自信をつける。
●教材が活用できる授業名	●音楽　●自立活動
●提　供	附属視覚特別支援学校　塚田 理恵

教材の特徴

・滑りにくい素材（ゴムのような素材）でできているため、感触で穴が分かり、弱い力でも穴をふさいで音を出しやすくできます。

・素材に弾力性があるため、穴からの息もれを防いで正しい音を出すことが可能になります。滑らずに持つことができ、演奏に集中できます。

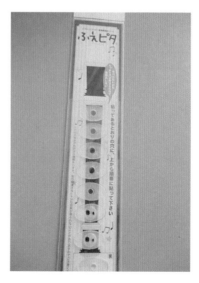

用意するもの・材料

下記で購入することができます。
商品名「ソプラノリコーダー用演奏補助シール　ふえピタ®」（アイディア・パーク
https://idea-park.net）

使い方・実践例

①「ふえピタ」を笛穴に合わせて貼ります。

②リコーダー全体を触らせて、プラスチック部分（笛の素材）と「ふえピタ」（シール部分）の感触の違いを確かめさせます（視覚特別支援学校の場合）。

③「ふえピタ」の上に指をのせ、音を出しながら穴をふさぐ感覚を覚えさせます。感覚がつかめてきたら運指の指導を開始します。

♪ 教材のアレンジや工夫 ♪

・「ふえピタ」は、リコーダーに苦手意識をもつ子どものお母さんが開発した教材です。押さえやすい素材でできているため、通常の小・中学校に在籍するリコーダーが苦手な児童生徒、特に穴を押さえることが難しい子どもや、手が小さくて穴に指が届きづらい子ども、指先の力が弱い子ども、発達障害や知的障害を有する子どもたちの助けになります。

・裏穴を押さえ続けることが難しい場合は、裏穴のふえピタシールの上にテープを貼って穴をふさぎ、シ・ラの練習から始めます。「違う音が出せた」という自信が意欲につながります。

〈編集担当より〉
同様のねらいで活用できる教材として、「リコーダー補助用クッション」（データベース　ID：248、『教材知恵袋 教科編』p.106〜107掲載）もあります。あわせてご活用ください。

だれでも簡単にピアノで即興演奏ができる
せんせいといっしょにピアノをひこう！

●対　象	●表現することに苦手意識がある児童生徒
	●ピアノを弾いてみたいけど楽譜が読めない児童生徒
●ねらい	●音楽の意欲を高める。手指の巧緻性を高める。
	●即興演奏による表現力を高める。
●教材が活用 　できる授業名	●音楽　●自立活動
●提　供	附属桐が丘特別支援学校　荒木　哲弥

教材の特徴

・教員と児童生徒が、一緒にピアノや鍵盤楽器を弾いて演奏します。

・児童生徒は鍵盤楽器の黒鍵のみを使用します。黒鍵をどのように演奏するか
　は児童生徒の自由です。

・「音を間違えた」などの失敗を感じる不協和な音が現れません。

・「ピアノを即興で演奏する」となると、児童生徒はハードルが高く感じます
　が、この活動を体験することで自
　信をもち積極的に演奏するように
　なります。

・「せんせいといっしょにピアノを
　ひこう！」は、カノン進行を基本
　とした楽譜となり、響きに聴きな
　じみがあります。

ピアノに向かって左側が教員、右側が児童生徒

用意する物・材料

・楽譜（教員用。巻末 p.123～124 に掲載しています。）

・ピアノもしくはキーボード。鉄琴、木琴などの鍵盤打楽器でも可能です。

・コードを利用して、ギターでの演奏も可能です。

準備

・授業前に、教員が楽譜を演奏できるように練習しておきましょう。

使い方・実践例

①１台のピアノに、教員が鍵盤に向かって左側、児童生徒が右側に座ります。
②児童生徒に、「鍵盤の黒い部分をどのように弾いてもいいですよ。」と声をかけます。
③教員は楽譜のとおりに演奏します。児童生徒がどのタイミングで入るかは声をかけ合ってもかまいません。
④楽譜の最後の１小節前まできたら、児童生徒に「そろそろ終わります。」と声をかけます。

・曲にテンポは設定していないので、児童生徒の実態に即して演奏します。
・児童生徒によっては、筋力が弱いため強い音を出すことができないかもしれません。伴奏の音量が大き過ぎないよう、教員は全体の音量バランスを考えて演奏できるとよいでしょう。
・活動に条件を設定することで、児童生徒に考えさせて演奏することができます。例えば、「一つの音だけ使って演奏しましょう。」と条件を設定することで、児童生徒は演奏に何か変化させようと考え、リズムを変化させるでしょう。
・「両手を使って演奏しましょう。」と条件を設定することで、普段は利き手だけで演奏していた生徒が、利き手ではない手を使って演奏することができるでしょう。
・この活動を通してどのようなことを児童生徒に身に付けさせたいのか、音楽科として、あるいは自立活動としての目標を教員が設定し、それに沿った条件を設定することが大切です。

♪ 教材のアレンジや工夫 ♪

・教員自身が演奏に慣れてきたら、演奏にリズムやアルペジオ（和音をばらばらに演奏すること）をつけてみてもよいでしょう。児童生徒も演奏に変化をつけるかもしれません。自信をもって、豊かな表現ができるようになるでしょう。
・ピアノ１台を２人で一緒に連弾で演奏するのではなく、２台のピアノのように複数の楽器で演奏することもできます。
・教員が使う楽器は和音（コード）が演奏できればよいので、教員はギターやウクレレ、児童生徒はキーボードでも演奏可能です。
・曲の性質上必ずしも２人である必要はありません。３人以上でも演奏することはできますので、先生方でさまざまなアレンジをしてみてください。
・巻末に楽譜を掲載しています。ご参照ください。

視覚障害の擬似体験　～視覚障害に起因する社会的バリアの体験～

1　擬似体験の目的と注意点

　擬似体験を行う際に、ただ単に体験してみるのではなく、目的を具体的かつ明確に定める必要があります。障害の状態とその困難さを理解する、日頃の行動等を想像する手がかりを得る、関わりやコミュニケーション方法について考える等、目的を設定し、体験後に参加者同士で感じたこと・考えたことの分かち合いをすることが重要です。

　注意点として、擬似の状態はあくまで一時的であり、障害当事者の心理状態やニーズをすべて理解できるわけではないということを、体験者に周知しておくことが必要です。また、体験者が段差で転んでしまったり、物にぶつかってしまったりしないように、安全面での配慮も忘れてはなりません。

2　視覚障害の擬似の方法

写真1　シミュレーションレンズトライアル

　視覚障害には全盲と弱視（ロービジョン）があり、弱視（ロービジョン）にはさまざまな見え方があります。また、盲ろうの場合は聴覚障害が伴います。

　そのため、擬似の方法として、①全盲、②弱視（ロービジョン）、③盲ろうの3通りがあり、一般的には①②の体験が多く、③は専門的に学びたい人向けに行うことが多いです。

①　全盲

　アイマスク等を使って目隠しをします。目隠しが不快であったり不安に感じたりする場合は、目を閉じるだけで、必要に応じて目を開けられる状態で体験します。

②　弱視（ロービジョン）

　簡易的な方法としては、筒の先にビニール袋を貼り付けた状態で覗いて見ることで、白濁や視野狭窄を模した見え方を体験することができます。視覚障害専門の学校・施設では、「シミュレーションレンズトライアル」（高田メガネ）を用いて、さまざまな見え方を体験することができます。

③　盲ろう

　全盲または弱視（ロービジョン）の擬似と併せて、聴覚障害も擬似的に体験します（「盲ろう擬似体験セット」データベース　ID：516参照）。

3　擬似状態で取り組む内容

写真2　ガイド（手引き）歩行体験

①　机上で取り組める活動例

　全盲体験では折り紙やお金の弁別など手指を使う活動、弱視（ロービジョン）体験では迷路・あみだくじ・塗り絵など視覚を使う活動を行います。

②　歩行体験

　ガイド（手引き）歩行：基本的な姿勢や方法を学びます。平坦な場所での直進・右折・左折や狭い場所の通過、階段の上り下りの仕方など、ガイドする側とされる側の両方の体験をします。
　白杖歩行：白杖の基本的な役割について学びます。白杖で段差や障害物を検知したり、床面の違いを確かめたりします。
　※注意点　擬似状態のまま単独で歩くのは危険が伴うので、二人一組のペアとなり、安全に配慮しながら行います。視覚障害専門の教員や、施設の職員に相談して取り組むことをお勧めします。

4　まとめ

　視覚障害の擬似体験により、街中で視覚障害者を見かけたときに声をかけたり、ガイド（手引き）歩行を引き受けたりするなど、積極的に行動しようとする人々が増えていくことを期待します。（特別支援教育連携推進グループ・附属視覚特別支援学校　中村　里津子）

難聴擬似体験　〜聴覚障害に起因する社会的バリアの体験〜

1　難聴擬似体験の目的

　こちらで紹介する難聴擬似体験のプログラムは、聴覚障害者の「聞こえの状態」を体験するものではなく、聴覚障害に起因する社会的バリアすなわちコミュニケーション上の障害を体験するものです。聞こえる人とのコミュニケーションの困難性を擬似体験することによって、参加者が聴覚障害者の感じる不安感や疎外感等を実感するとともに、文字情報等、視覚的情報の提供の必要性や重要性を理解することを目的としています。

2　擬似体験の内容と実施方法

①　課題Ａ：読話の体験

　「読話」とは、聴覚障害者が口形や唇や舌の動き、表情などを見て、話の内容を理解する方法です。この課題では、声を出さずに話された単語や文を、どの程度読話できるか体験できます。参加者が、読話が容易にできるものではないこと、並々ならぬ集中力やエネルギーが必要であること、同音異義語の読話が困難なこと、話のテーマや文脈等を頼りにして読話していること等を理解することをねらいにしています。

②　課題Ｂ：聴覚からの情報を遮断して、聴覚障害を擬似的に体験するもの

　聴覚からの情報が入らず、文字や手話等の情報が提供されないと、例えば「誕生日順に一列に並ぶ」といった簡単な指示が分からず、ほとんど動けなくなってしまうということを参加者が体験的に理解するためのものです。

　使用機器は、ヘッドフォン、MP3 プレーヤー（ノイズを録音）で（写真３）、参加者７〜８人に１人の割合で機器を装着し「聴覚障害者役」となります（耳の保護のため耳栓を装着します）。聴覚障害者役は、ノイズが常時耳に入り、周囲の音や話し言葉が「聞こえない」状態になります。聴覚障害者役は、活動ごとに交替し、参加者全員が聴覚障害者の立場を体験します。

　個々の活動終了後、この体験で実感した「コミュニケーション上の困難と解決の方法」「心理的影響」等について、参加者全員で話し合い共有するようにします。（プログラムの詳細は「難聴擬似体験／鈴木」でネット検索可能。）

写真３　装着機器

3　まとめ　〜実施状況と今後の展望〜

　この難聴擬似体験は、2011 年より本校卒業生の進学先や就職先に対する卒業後の支援及び特別支援学校の研修会等で実施してきました。参加者にとって、「自分の置かれている状況、その場の話題、行動の仕方等の情報が得られないことで、不安感や焦燥感や疎外感が生じること」「周りの様子を観察する、キーワードを読み取るなど努力して話の内容を推測するが、正しいかどうかの判断が困難であること」「周囲の人に尋ねたくても実際はなかなかできないこと」等、マイノリティーとなった際の聴覚障害者の困りごとや心理状態を実感できる良い機会になっています。したがって、この体験は目で見ただけでは分かりにくい部分が多い聴覚障害について、聞こえる人の理解を深める一助になるとともに、当事者に対する配慮や支援を検討する際の貴重な材料になっていくと考えられます。

写真４　難聴擬似体験の様子

（附属聴覚特別支援学校　鈴木　牧子）

総合カリキュラム「多様性とのであい」の取組

1　授業の概要

　お茶の水女子大学附属中学校（以下、本校）では、1学年の総合カリキュラム（道徳・特別活動・自主研究・総合的な学習の時間を有機的に結びつけた内容）の時間に多様性をテーマとした学習に取り組んでいます。

　2022年度の1学年では、『継（つなぐ）～自分―他者―社会の輪を未来へつなぐ～』の学年目標のもと、1学年の重点目標である「出会う：つながりを創る・広げる」をテーマにした学年の活動を計画しました。

　そのなかで、「多様性とのであい」をテーマとした学習に取り組みました。生徒がさまざまな人や物事と出会うことで多様性を理解し、つながりを広げる素地を培うことができるよう、LGBTQ・ジェンダー・障害・共生・社会貢献・防災・減災等のキーワードにつながる講師の方から、学びの場を設けました。生徒自身が自ら考えを深めていけるように、ワンページポートフォリオシート（OPPシート）を活用したり、学びの共有の場としてのラウンドテーブルを行ったりしました。

　また、取組のまとめとして、グループごとに多様な「ヒト・モノ・コト」とよりよくつながるために、大切なことについてキーワードを考えて、Googleスライドを活用して学年全体で共有しました。

2　授業の実際について

　「多様性とのであい」の学習は、表1の内容で行いました。講師を招いた授業を軸に授業計画を立てました。導入の学習では「ちがい」とは何かについて考えたり、学校周辺（大学構内）という身近な場所での「ちがい」を受け入れ合うための、さまざまな配慮を探したりしました。また、講師を招いた授業での学びを広げていくために、多様な人が共に過ごす場について、よりよくする工夫を考える学習を設定しました。

　講師には、これまでも本校の第1学年の総合カリキュラムの講師を担当している筑波大学特別支援教育連携推進グループや、認定特

表1　「多様性とのであい」学習内容

授業名
ちがいのちがい
ちがいを受け入れあうための様々な配慮を見つけよう！
多様性とのであい　～特別支援学校の先生方から学ぶ～
ジェンダー平等について考えよう
多様性とのであい　～ちがいにリスペクト～
多様性とのであい　～互いの違いを受け止めあえる社会を目指して～
伝えるについて考えよう
多様性とのであい　～デフワールドへようこそ！～
多様性とのであい　～避難所での暮らしをよりよくする工夫～
多様性とのであい　振り返り
多様性とのであい　まとめ・共有

定非営利活動法人の方のほか、生徒が自分を開き、互いが個性を認め合いながら新たなつながりを作ることにつなげていくことができるよう、検討した上で依頼しました。

「多様性とのであい ～特別支援学校の先生方から学ぶ～」の様子

　さまざまな人たちが共にこの世界で暮らしているという多様性への理解を深め、肢体不自由、視覚障害、聴覚障害について体験を通して生まれた気づきや感情をできるだけ最大化するよう、学びを深めることをねらいとして実施しました。

　筑波大学特別支援教育連携推進グループの先生方を講師に招き、視覚・聴覚・肢体不自由それぞれの特別支援学校の学校生活の様子や、各障害について、体験を通して教えてもらいました。

　これから多様性について考えるきっかけになる「ヒト・モノ・コト」とのであいが生徒それぞれに見られました。

3　授業を振り返って

　「多様性とのであい」の学習のまとめの取組での問い「多様なヒト・モノ・コトとよりよくつながるために必要なことはなんだろう」に対して、それぞれのグループがあげたキーワードをご紹介します。

> 経験を活かし、好奇心を忘れず、お互いを尊重する ／ 思いやりの心 ／ 相手のことを考える ／ 個性、相手の立場 ／ ☆僕達の HAPPY 未来にむけて☆ ／ 相手への思いやり ／ 周りのことをよく理解し、また自分の考えを捨てない ／ 理解・社会のものさし ／ 見えない壁を壊そう（知る・行動する）／ であい→理解→リスペクト→行動→多様な繋がり→新しいであい ／ ジブンゴト・ヒトゴト　知る　噂と本当　間 ／ 多様性を受け入れ尊重　積極性 ／ お互いのことを認め合い、発信する ／ 互いの違いを認め合う!! ／ 理解し尊重する ／ コミュニケーション　Enjoy ／ 受け入れる・共通・ポジティブ・知ろうとする気持ち・その場にあった対応 ／ 新しいものに積極的に触れていく、受け入れる、快いコミュニケーションのとり方 ／

　生徒があげたキーワードやそのキーワードを考えた理由から、よりよい未来を創造する姿につながる主体性が感じられました。

　生徒自身が改めて自分自身の身近な暮らしを見つめたり、地域や社会に目を向けたりすることで、自分ができることを前向きに考え、多様性について学びを深められるのではないかと考えています。

　このような取組を中学校１年生の段階で行うことで、多様性の理解やつながりを広げる素地が培われ、その後のさまざまな学習場面で、生徒自身が多様性や共生について考えていくきっかけにつながっていってほしいと願っています。

（お茶の水女子大学附属中学校　有友 愛子）

分かりやすさ

手と目を使った操作と確認作業でカレンダーの概念を育てる

つけかえできるマグネットカレンダー

- ●対　　象
  - ●日付・曜日・天気への意識を育みたい幼児児童生徒
  - ●カレンダーの読みとりの理解を促したい幼児児童生徒
- ●ねらい
  - ●操作活動を繰り返し、日付・曜日・天気等に興味・関心をもつ。
  - ●カレンダーの仕組みを理解し、概念を育てる。
- ●教材が活用
    できる授業名
  - ●日常生活の指導　●自立活動
- ●提　　供　　附属視覚特別支援学校　佐藤　直子

教材の特徴

- ・通年で使用できるようにマグネット式にしています。
- ・視覚に障害のある幼児児童生徒の活用も考慮し、月・日・曜日のパーツに点字を貼り、形や素材を変えて、触覚的に理解しやすくしました。
- ・天気を表すマグネットは、紙粘土でレリーフ状に制作し、マークを単純化し、直感的に認知しやすくしています。
- ・カレンダーは曜日ごとに下地の素材（テクスチャ・色）を変えて、縦の列が同一曜日であることを分かりやすく示しています。
- ・今日の日付と曜日、天気を配置するスペースには、色や手触りの異なる素材のシートを使用し、識別しやすくしています。

用意する物・材料

【材料】　・マグネットが接着できるボード　・強力マグネット　・紙粘土
　　　　　・竹ひご　・角材　・数字シール
　　　　　・シートシール類(フェルトシール、芝生調シート、木目調シート、鉄板風シート、レザー調シート、コルクシート、ベルベットシート、キラキラデコシール等)

　　　　　・カレンダーマグネット　・ストロー　・タックペーパー
【用具】　・ボンド　・はさみ　・カッター　・のこぎり　・紙やすり　・水彩絵の具

準備

・カレンダーの列ごとに、下地の素材（テクスチュア・色）を変えて接着します。
・竹ひごで縦7列×横7行の枠を作ります（一番上は曜日の段）。
・角材で月パーツ（12個）、紙粘土で曜日パーツ（丸型7個）、日にちパーツ（四角形31個）、天気マーク（晴れ・雨・曇・雪）を作ります。紙粘土は、絵の具を混ぜると好みの色に変化します。月・日・曜日に点字を貼ります。
・今日の月・日・曜日マグネットを配置するスペースと天気マグネットを置くスペースを作ります（それぞれ色や手触りの異なるシートを使用します。斜線はストローで制作します）。

使い方・実践例

①本カレンダーのパーツ（月・日・曜日・天気のマグネットで構成）や構造（左側が今月のカレンダーの表・右側が今日の月・日・曜日・天気マグネットを置くスペース）等、教材の全体像を把握します。
②右上にある月マグネットや左側のカレンダーの表から今日の月・日・曜日マグネットを探し、右中央部の所定のスペース（銀色の鉄板風シート上の青い斜線部分）に移動します。
③今日の天気を調べ、該当する天気マグネットを右下の赤いフェルトシート上に置きます。
④カレンダーの操作に慣れてきたら、前日のマグネットを所定の位置に戻す作業も行います。

＊カレンダーを対象となる幼児児童生徒の手の届きやすい場所に置いて、操作活動を日々のルーティンにするとよいでしょう。

♪ 教材のアレンジや工夫 ♪

・カレンダーへの関心が高まると表の理解が促され、視覚や触覚を手がかりに縦の軸は同一曜日、横の軸は同一週を表すことが理解できるようになります。
・本教材を活用して、カレンダー表の中の「今日」を基準に、昨日・明日・一昨日・明後日・今週・先週・来週・第何週何曜日等の概念を育み、カレンダーを読み取る力を高めていきましょう。

金属の温度の伝達を安全に確かめられる
物のあたたまりかた

●対　象	●小学部の児童
●ねらい	●金属は熱せられた部分から順にあたたまることを指で安全に測定する。
●教材が活用 　できる授業名	●小学校４年理科「物のあたたまり方」
●提　供	国士館大学文学部教育学科非常勤講師　山田　毅 （前：附属視覚特別支援学校）

教材の特徴

図1　牛乳パックを使ったビーカー入れ
※浜田 志津子(前：附属視覚特別支援学校)考案

　金属は熱せられた部分から順にあたたまることについて、教科書では実験用ガスコンロ、スタンド、温インクを使って実験をしています。金属板は高温なので触ると危険です。代替え実験として熱源に湯を使うことで、やけどなどのリスクを減らすことができます。

　併せて金属棒を使うことで、エネルギー量の少ない湯でも温度の変化を感じることができて、単元目標を達成できます。火を使わないため安全に熱の伝導を確かめられ、発泡スチロール板を使うことで、ビーカーの中の湯が保温されます。さらに、図1のように、牛乳パックの上面をビーカーの直径に合わせて切った入れ物を用意すると、保温効果が高められ効果的です。

用意する物・材料

・発泡スチロール板(厚さ1cm)　・ストロー(直径4mm程度、100円均一ショップで購入)
・両面テープ(幅10mm程度)　・千枚通し(100円均一ショップで購入)　・金属棒(銅直径3mm、ホームセンターで購入)　・ビーカー(200mL、理科教材会社等で購入)

準備

・発泡スチロール板を200mLビーカーの上部を被う大きさに切り三方に縁をつけて、棒をさしても安定を保てるようなふたを作ります。金属棒には等間隔に印をつけておきます。

(1)部品の準備

①発泡スチロール板（厚さ1cm）を次のように切りとります。
　㋐10cm×10cm　㋑3cm×6cm　㋒10cm×1cm（2個）　㋓10cm×8cm

②ストロー（直径4mm程度）を長さ6cmの部分で斜めに切ります。（2本）

(2)製作（図2を参照）

①㋐10cm×10cmの板の中央部に㋑②3cm×6cmを両面テープで貼ります。

① ㋐の板の中央部に㋑を両面テープで貼る。
② 裏返して縁を付ける。
③ 千枚通しで穴を開ける。

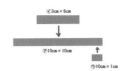

図2　製作手順　①から③の図解

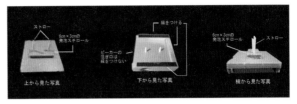

図3　金属棒を支えるふたの写真

②裏返して4辺のうち3辺に㋒10cm×1cm（2個）㋓10cm×8cmを両面テープで貼り、縁をつけます。200mLのビーカーに上部にのせ合わせてみます。

③表に返して、㋐に貼り付けた㋑の2か所に千枚通しで穴を開けます。

④金属棒（銅など）に5cm間隔に印をつけます（やすりでこすります）。

使い方・実践例

(1)1種類の金属（銅）のあたたまり方

　ビーカーに湯を入れ発泡スチロール製のふたをして、銅の棒を1本だけ立てる。図4のように棒の下の部分と上の部分を、左手と右手を使って指ではさみます。時間が経過すると、下の部分の温度が上がってくることが分かります。さらに時間が経過すると、上の部分もあたたまり温度の変化を感じることができます。

図4　測定する児童の様子

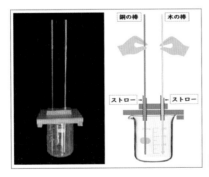

(2)2種類の物（銅と木）のあたたまり方の比較

　図5のように銅と木の棒を2本平行に立てて、同じ高さの部分を両手の指ではさみます。時間が経過すると金属の方が早くあたたまることが分かります。比熱の違いによるものであることに気が付きます。

図5　棒を2本立て比熱の違いを比較する装置

♪ 教材のアレンジや工夫 ♪

・銅と木の温度の比較ができるようになったら、アルミの棒など他の物を使って、あたたまり方の違いを学習することができるようになります。

分かりやすさ③

ID：494

温水と冷水の動きが触察で分かる

手のひらで感じる暖気と寒気の動き実験教材

●対　　象	●中学部・高等部生徒（視覚障害のある生徒、視覚障害のない生徒ともに対象）
●ねらい	●暖気と寒気が接したときに暖気が上昇し寒気が下降する現象を、温水と冷水に置き換え、触察（触覚を活用した観察）による実験を通して理解する。
●教材が活用できる授業名	●中学校理科「気象とその変化」など
●提　　供	附属視覚特別支援学校　柴田　直人

教材の特徴

・中学校や高等学校の理科の気象分野の単元では、前線の構造について学習します。暖気と寒気が接したときに、それらの空気がどのように移動するのか調べる方法としては、線香の煙を加えた冷たい空気と温かい空気を用いたり、色をつけた冷水と温水を用いたりして

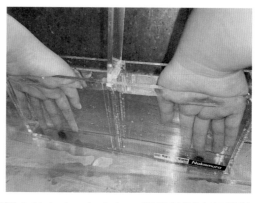

実験し、それらの動きを視覚的に把握させます。しかし、視覚特別支援学校（盲学校）では視覚を活用することが難しいため、触察（触覚を活用した観察）により、手のひらで感じ、理解できるようにしました。
・体験的な学習を通して、具体的なイメージをもつことができるようになります。

用意する物・材料

・商品名「ミルソーⅡ（前線モデル実験器）」(株式会社ナリカ　https://narika.jp)

①前線モデル実験器の中央に仕切り板を差し込みます。仕切り板で区切った片側の空間に温水（暖気）を、もう一方の空間に冷水（寒気）を入れます。温水は43℃程度の湯でよいですが、生徒に確認しながら適切な温度を設定してください。冷水は水道水をそのまま使います。

②温水側の空間に片方の手を、冷水側の空間にもう一方の手を、それぞれ指先が実験器の底につくまで入れ、手を動かさないようにします。

③授業者が中央の仕切り板を取り外します。

④温水側の空間では、指先から指の付け根に向かって徐々に冷水が上がってくることが分かります。また、冷水側の空間では、手のひらから指の付け根に向かって徐々に温水が下がってくることが分かります。

⑤水がかき混ざらないように静かに手のひらを5㎝程度持ち上げ、数秒間静止した後に、再び実験器の底に向かって静かに下ろします。持ち上げたときには水面近くが温かいことが、逆に手を下ろしたときには底の方が冷たいことが、それぞれ指先で感じられます。

分かりやすさ③

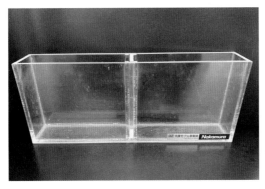

前線モデル実験器
「ミルソーⅡ」

♪ 教材のアレンジや工夫 ♪

・視覚障害のない生徒の場合は、色を付けた冷水や温水による実験などを通して視覚的に把握するとともに、本教材を通して触覚でも体験を通して理解することで、生徒の印象に残る実験となります。

・本教材の性質上、生徒が一人ずつ実験を行う必要があります。大人数の場合には教材を複数個用意するとよいでしょう。

・手のひらで感じた現象を、生徒に言葉で説明させたりノートにまとめさせたりして表現できるようにすると、理解がより深まります。

・生徒一人一人が実験から驚きを得るためにも、全員の実験が済むまでは現象を言葉に出さないようにするなどの工夫が必要です。

分かりやすさ④

ID：529

具体的な操作を通して理解を深める
経線で切ることができる地球儀

●対　象	● 空間の中で位置関係の把握が苦手な生徒
	● 資料から必要な情報を読み取ることが難しい生徒
	● 図と地を区別することが難しい生徒
	● 複数の情報の中から必要な情報（経線）を抜き出したり、統合したりすることが難しい生徒
●ねらい	● 見て触れて操作することで、北極と南極を結ぶ線が経線であることを理解する。
	● 時差の意味を生活場面と結び付けて理解する。
	● 操作をしながら行うことで、概念形成を図る。
●教材が活用できる授業名	● 社会（地理的分野）
●提　供	附属桐が丘特別支援学校　木村　美佳子

教材の特徴

・地球儀を経線で切ることができて、取り外しができる教材です。マグネットシートを使っているため、手の力が弱い生徒でも、取り外しが簡単にできます。
・本教材を操作することで、「縦の線は、経線を示している」と理解することができます。緯線と間違えることがなくなります。また、時差の学習をするときにも、導入で活用することができます。
・地球儀を経線で切ると、ちょうどりんごを食べるときに切るようなくし切りになります。生活場面とつなげてイメージがしやすい教材です。

用意する物・材料

【材　料】　・発泡スチロールの球体　・マグネットシート　・磁石　・地図（地球儀の平面図データは、埼玉大学教育学部人文地理学　谷謙二研究室 HP より）

・電熱線カッター　・ラベルシール

【作り方】　①球体の大きさに合わせて地図を印刷し、経線で切ります。②球体を電熱線
カッターで12等分に切ります。③球面に地図を貼り付けます。④球体の内側
に切ったマグネットシートを貼り付けます。

使い方・実践例

・授業のねらいに合わせて、本教材を活用してみてください。学習の例を示します。
〈例〉

①市販の地球儀で、緯線・緯度や経線・経度について確かめる学習を行います。

②次に地図帳を開いて、①の学習をふまえて緯線・緯度や経線・経度に関する学
習を行います。

③生徒が本教材を実際に操作し、経線や経度について友だちに説明をする学習を
します。友だちに説明をすることで、より理解が深まります。

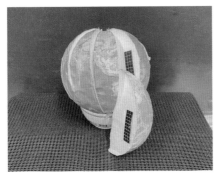

♪ 教材のアレンジや工夫 ♪

・中学校だけではなく、小学校でも活用が可能です。地球儀や地図を見るだけでは
なく、実際に触れて操作することで、知識が定着し理解が深まります。

・経線で切れる地球儀をバラバラにして組み立てることで、日本の位置や六大陸、
三大洋を確認することもできます。

・本教材での学習後に地球儀や地図などを使って、同経度に位置する国や地域の特
色を考える学習に応用させることもできます。同経度にある国々や時差が少ない
国々などの理解を深めることで、社会的な見方・考え方を働かせながら考えさせ
ることもできます。例えば、「日本とオーストラリアは、同経度にある国同士のた
め距離が近く、輸送費はあまりかからない。一方、日本とヨーロッパは経度差が
大きく距離が遠いため、輸送費がかかる」というように、発展した社会的事象を確
認する学習につなげることもできます。

・本教材の応用として、緯線で切ることができる地球儀を作成してみてもよいでしょ
う。緯線に着目した場合には、気候に関連した学習につなげることができます。

弱視生徒向け拡大日本地図をより多くの方に
みんなの地図帳　〜見やすい・使いやすい〜

●対　　象	●視覚に障害のある（弱視）児童生徒
	●学習や読字に課題があったり、情報の精選が必要だったりする児童生徒
●ねらい	●地図の見方を育む。
	●掲載する地図情報を精選し、地図（社会科・地理）学習に必要な知識を理解し整理する。
●教材が活用できる授業名	●社会（地理）
	●特別活動（修学旅行等の事前指導）
	●総合的な学習（探究）の時間
●提　　供	附属視覚特別支援学校　丹治 達義

教材の特徴

・見やすさ・わかりやすさを徹底的に検討した地図帳です。

・日本地図編（県と主な都市、自然）と世界地図編（国と首都、主な自然）の二編から構成されています。内容（県と都市・国と首都／自然）に応じてページ分けされています。

『みんなの地図帳　〜見やすい・使いやすい〜』

・それぞれに載せる情報もできる限り精選し、小学校から高等学校「地理総合」レベルの学習にも対応できる地図帳です。

・『点字版基本地図帳』（視覚障害支援総合センター刊）と内容が互換しています。

用意する物・材料

・商品名　日本視覚障害社会科教育研究会編集
　『みんなの地図帳　〜見やすい・使いやすい〜』（帝国書院）
　ネット書店等を含め書店で購入できます。※2024年に改訂版の発行を予定しています。

使い方・実践例

・授業の目的に合わせて、使用してみてください。

【視覚特別支援学校中学部での実践例】

①地図帳の掲載事項について理解させます（タイトルの位置、枠内の地図、枠外の情報等）。

②地図の掲載内容を確認します（見るときの基準点を明示する・それぞれの国や県の形を確認する）。

③掲載事項に関わる地理的情報も盛り込みながら授業を展開します。

④じっくり1単位時間かけて、掲載されている全ての事項を読み取ることが重要です。

・「自分の住む地域」よりも広い「日本・世界」を学ぶことに特化した地図帳です。小学校5年生「社会」・中学校「社会」・高等学校の地理歴史科・公民科必修科目（「地理総合」「歴史総合」「公共」）の基礎的な範囲を学習する際に適しています。

♪ 教材のアレンジや工夫 ♪

・掲載事項を絞ってあるので、学習者が学ぶ学校の位置等掲載されていない部分は、児童生徒自身で書き込んだり、指導者がシールを使って示したりすることで、より学びやすくなります。

・日本地図では、地方区分が8つに分かれているので、地図上の地名を消して、白地図としてやさしい地名の確認をしたり、読みがなをふったりすることも可能です。

先生方のアイデア次第で、使い道が広がります。
児童生徒と一緒に学びながら、活用してみてください。

分かりやすさ⑤

分かりやすさ⑥

ID：367　ID：437

「視点を移したときの見え方」を直接確認できる

月の見え方確認用モデルとVRを活用した天体学習

●対　象	●「視点を移したときの見え方」がイメージしにくい生徒
	●図を立体的に捉えたり、立体を平面的に捉えたりしにくい生徒
●ねらい	●時間的、空間的な見方を働かせて、天体の見え方を捉える。
	●天体の動きや見え方について、発展的に考える力を育む。
●教材が活用できる授業名	●理科（天体分野）
●提　供	附属桐が丘特別支援学校　林　秀輝

教材の特徴

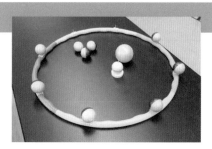

・月の公転を模したモデルで、月の見え方を考えるときに、その位置と見え方の関係を把握できます。

・３Ｄカメラを活用することで、直接「地球の位置」から見える月を確認できるため、「視点を移したときの見え方」をイメージする必要がありません。

・太陽や地球のモデルとの位置関係を変えることで、他の惑星の動きや見え方について考えることもできます。

用意する物・材料

・発泡スチロール球　・フラフープ　・着色ペン（黄色、黒）　・竹ひご
・錐（きり）　・カラーボール

・360度カメラ「RICOH THETA」（株式会社リコー）
・360度カメラの映像を表示できる端末（RICOH THETA用アプリ）
　※360度カメラと映像表示端末は、スマートフォンなどのICT端末とミラーリングできるモニターで代用できます。

準備

【月の公転モデルの作成】

①着色ペンで、発泡スチロール球の半分を黄色、もう半分を黒に塗ります。

②フラフープの8等分した位置に、錐で穴を開けます。

③穴を開けたところに短くした竹ひごを差し込み、着色した発泡スチロール球を差し込みます。

使い方・実践例

①月の公転モデルの中心に、地球のモデルとなるカラーボールを置きます。

②月の公転モデルの外側に、太陽のモデルとなるカラーボールを置きます。

③月のモデル（発泡スチロール球）の黄色に塗った面を、太陽のモデルの方に向けます。

※黄色い面をどちらに向ければよいか考えさせてもよいです。その場合、太陽のモデルとして電球を用いると、より分かりやすくなります。

④フラフープの中心から360度カメラで撮影します。

⑤360度カメラの映像を表示できる端末を使い、見ている向きと月の位置、その月の見え方を確認します。

※④、⑤はスマートフォンなどのICT端末とモニターへのリアルタイムのミラーリングで代用できます。

♪ 教材のアレンジや工夫 ♪

・特別支援学校だけではなく、中学校や高校で幅広く活用することができます。

・実際にモデルを操作し、見え方を直接確認するため、新たな気付きや考えを得られます。「皆既日食は太陽が月に完全に隠れるはずなのに、全然隠れていない」などの矛盾から、実際の月と太陽間の距離について考えるなど、より深い学びへと展開できます。

・カラーボールと公転モデルの位置関係を変えることで、金星や火星の見え方を考えることにも利用できます。

・地球のモデルに日本を描き込み、自転させ、日本の位置からカメラで撮影すると、月の満ち欠けと見える時間の関係など、より発展的に考えることができます。

分かりやすさ⑥

見通しをもつことをねらいとした教材について

　子どもには、「今、自分は何をしたらよいのか」、「次に何をしたらよいのか」を主体的に判断し行動に移せるようになる力を育むことが大切です。

　「教材・指導法データベース」には、自分の一日の予定を理解して学校生活を送り、見通しをもちながら行動することをねらいとした、スケジュール管理に関する教材が多数収録されています。それらの教材には、視覚や聴覚、触覚などの機能を有効に活用し、幼児児童生徒の障害や実態に合わせた工夫が施されています。教材を日常的に繰り返し活用することで、時間や日にちの短期的な見通しの概念の形成のほかに、年月や季節の移り変わりのように長期的な概念を形成することに役立てることができます。

　このページでは、特に教育現場で効果的と考えられる教材をご紹介します。

教材名　「スケジュールボード」（ID：88）　　予定を視覚的に確認できる

ねらい
- 一日の活動の流れを知り、見通しをもつ。
- あつまり等の活動でスケジュール確認の活動を行い、次の活動に期待感をもって参加できるようにする。

特徴
〇活動の流れ（順序・内容）を視覚的に捉えることができます。
〇幼児児童生徒が、集団での活動（あつまり等）の中で主体的に移動・設置してスケジュール確認ができます。

教材名　「個別スケジュール」（ID：83）　　個々に応じた予定を提示する

ねらい
- 活動の流れを確認し、気持ちの調整を行う。
- 自ら活動に参加したり、移動したりする。
- 教材・教具の準備を行う。
- 自分が行った活動を振り返る。
- （実態に応じて）他の幼児児童生徒との会話のツールとして活用する。

特徴
〇今、自分がすべき活動、これから予定されている活動などを視覚的に理解でき、好きな活動を楽しみにして今の活動に取り組んだり、先の予定を理解できることで安心感をもったりすることができます。
〇各幼児児童生徒の理解に合わせ、活動の単位を変えて作成できます（例えば「きがえ」についても、子どもの理解に合わせて「服を脱ぐ」「ハンガーにかける」等細かい課題での提示を行うことができます）。
〇必要に応じて持ち運びができ、幼児児童生徒が自分の好きなときに見て、予定を確認することができます。

教材名	「声のしおり（音声ペン教材）」(ID：52)

『教材知恵袋　自立活動編』p.36～37 より

ねらい	・初めての場所、初めての活動において見通しをもち、安心して活動に参加できるようにする。

特　徴	○文字を習得できていない段階の幼児児童生徒が、音声で予定等を確認することができます。 ○幼児児童生徒が落ち着き、安心することができる声を吹き込むことができます。

予定を音声で確認できる

教材名	「時間割ボックス」(ID：503)

ねらい	・時間割を確認し、1日の学校生活の見通しをもつ。 ・1日の学校生活、活動を振り返る。

特　徴	○言葉や文字等では情報が十分に伝わらない幼児児童生徒が、それぞれの活動を示す実物を見たり、触れたりすることで、次に行う活動や1日の活動の流れ（時間割）を理解することができます。

具体物を見て、
触って予定を理解する

教材名	「日めくりカレンダー」
	(ID：552)

ねらい	・日付や曜日に目を向け分かるようになる。 ・その日の予定に見通しをもち、経験したことを話す。 ・「昨日」「今日」「明日」と日が変わるということが分かる。 ・前に経験したことを思い起こしながらやりとりをする。 ・月、学期、年などの時間に関する概念を理解する。

特　徴	○日付の下に絵を描いたり写真を貼ったりすることで、その日に何をするのか見通しをもって活動することができます。また、どんなことがあったか等を視覚的に残すことができます。 ○実際の経験と結びつけながら毎日、カレンダーをめくっていくことで、「昨日」「今日」「明日」と日が変わっていくことを視覚的に理解できます。 ○月ごと、学期ごとにまとめて表示することで、月の単位、学期を視覚的に理解できます。

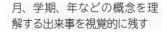

月、学期、年などの概念を理
解する出来事を視覚的に残す

　この他、本書 72～73 ページに紹介されている教材「つけかえできるマグネットカレンダー」（ID：521）も、時間の概念を養い、カレンダーの仕組みを学ぶことを通じて、見通しをもつ力を育むために有効な教材です。

　見通しをもったり、時間の概念を形成させたりすることには多くの時間を要しますが、一歩ずつ地道に歩みを続けることで着実に成果が現れてきます。

　幼児児童生徒の発達段階や実態に合わせて、ここで紹介した教材を活用・応用し、ぜひ日々の指導にお役立てください。

（特別支援教育連携推進グループ・附属久里浜特別支援学校　稲本　純子
附属聴覚特別支援学校　　　橋本　時浩
附属桐が丘特別支援学校　　竹田　　恵）

共生社会を目指す筑波大学附属学校の取組

1　はじめに

　筑波大学には附属学校が11校あります。その11校の児童生徒が共に生活する上で必要な配慮等の大切さを学びながら、心のバリアフリーに対する意識の向上を図るとともに個性の尊重と伸張を目指すことを目的として、2015（平成27）年度より共同生活の取組を行ってきました。

実施年度	実施時期	実施場所	参加児童生徒数（参加校数）
2015（平成27）	7月28日～30日	黒姫高原	約 50 名（ 7校）
2016（平成28）	7月27日～29日	黒姫高原	約 70 名（ 8校）
2017（平成29）	7月26日～28日	黒姫高原	約 80 名（10校）
2018（平成30）	7月29日～31日	黒姫高原	約 70 名（10校）
2019（令和元）	8月25日～27日	三浦海岸	約100 名（11校）

　11校の中には特別支援学校5校（視覚障害、聴覚障害、知的障害、肢体不自由、知的障害を伴う自閉症）が含まれています。また、小学校もあれば高等学校もあります。内容や時期、行き先などを少しずつ改善し、障害の状態も年齢も幅広い児童生徒が共に過ごせるように工夫を重ね、5年かけて全附属学校の児童生徒が参加できる形になりました。

　実施に際しては、各附属学校の教員からなる教職員実行委員会を組織しました。また、共同生活に参加する高校生や中学生の中で、希望する生徒を中心に生徒実行委員会を組織しました。そして、共同生活の中で教員がリードする部分と、生徒実行委員のメンバーがリードする部分を設けました。そうすることで、安全を確保しつつ、児童生徒の主体的な気付きを促し、心のバリアフリーに対する意識の向上を目指しました。

2　2019（令和元）年度　三浦海岸共同生活の取組

　2019（令和元）年度に実施した三浦海岸共同生活の取組を紹介します。

	主な活動内容	企画の主体	
		教職員実行委員会	生徒実行委員会
1日目	バス内レクリエーション		○
	野外炊事	○	
	オリエンテーション（障害への配慮に関する学習、館内施設めぐり）	○	
	レクリエーション		○
	ミーティング		○
2日目	シーカヤック	○	
	砂の造形ワークショップ	○	
	貝のフォトフレーム	○	
	キャンドル・ファイヤー		○
	ミーティング		○
3日目	ウォークラリー	○	
	まとめ活動	○	
	バス内レクリエーション		○

教職員実行委員会、生徒実行委員会ともに、実施前に４回、実施後に１回集まりをもち、その中で準備や振り返りを行いました。オリエンテーションやまとめ活動、シーカヤックやウォークラリーなど、障害への配慮に関する理解をより深めるための活動や、安全を確保する必要性の高い活動については、教職員実行委員が企画しました。レクリエーションやミーティングなど、みんなが参加し楽しめるようにするにはどうすればよいかを考える必要のある活動については、生徒実行委員が企画しました。

　当日は、各附属学校の児童生徒を混ぜて８～９人を基本とする活動班を、全部で12班編成しました。実施の約１か月前には参加者を集めて事前交流会を開き、共同生活に向けてのオリエンテーションや、同じ活動班になるメンバーとの顔合わせなどを行いました。

生徒実行委員会の様子

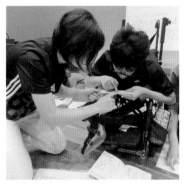

事前交流会（点字の名刺を作成
しているところ）

バス内レクリエーション（情報保障
の工夫）

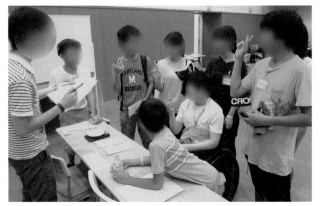

ウォークラリー（指文字で解答しているところ）

3　児童生徒の声から

　2016（平成28）年度の黒姫高原共同生活に参加した児童が、事後に書いた作文を一部紹介します。

　ぼくは、これまで、しょう害が無ければよかった、足がもっと軽く動かせたらよかったと思っていました。足が動かしにくいと自分で行動することができないので、しょう害があって大変と思っていました。足が動きにくいって大変と思っていました。そして、しょう害のある無しでは、ほとんどちがうと思っていました。なので、黒姫に参加する前は、みんなとちがうけど大丈夫かな、と不安に思っていました。

（中略）

　黒姫高原共同生活に参加して、しょう害のある無しではあまり変わらないということが分かりました。足の動かしやすさや歩きやすさだけがちがいました。車いすでも、足から上は同じで、書くこと、食べること、話すことはできます。ちょう覚しょう害の人は、耳が聞こえづらいだけで、手は使えるし、目は使えるし、食べられるし、書くこともできます。視覚しょう害の人は、目が見えにくいだけで、工夫をすれば他の人と同じことができます。相手のことを考えて、一緒にできる方法を工夫すればいいと思います。

4　まとめ

　これまで共同生活に参加した児童生徒の多くは、さまざまな人と交流する機会が得られることを期待する一方、コミュニケーションできるか、仲良くなれるかといった不安を抱いていました。しかし、3日間共に過ごす中で、どのような工夫をすればさまざまな人が一緒に楽しめるかを考えるようになっていきました。特に、聴覚に障害のある人に対する情報保障については、手話だけでなくICTを活用するなど、年を追うごとにブラッシュアップされていきました。また、障害のある児童生徒が、自分にもできることがあることに気付き、誰かに助けてもらうばかりでなく誰かの役に立ちたいと考えるようになるなど、気持ちが変化していく様子も数多く目にしました。実際、聴覚に障害のある生徒が車いすを押す、車いすで自走できる生徒が視覚に障害のある生徒の手引きをする、視覚に障害のある生徒が手話を覚えて使う、といった場面を何度も見かけました。しかも、お仕着せではなく、友だちとして当たり前といった感じでサポートしている姿が印象的でした。

　共同生活に参加した教員は、障害への理解を深めたり安全を確保したりする場面以外は必要以上に干渉せず、児童生徒の主体的な学びを期待して見守りました。各附属学校の教員が、「学ぶ」ということの本質を理解し共有しているからこそ、児童生徒の主体的な気付きが促されたと感じています。共生社会の真の担い手を育てるためには、この共同生活のような仕掛けを工夫するとともに、たとえ時間がかかったとしても、児童生徒の力を信じて見守ることが肝要なのだと思います。

（附属桐が丘特別支援学校　石田　周子）

交流
（スポーツ）

みんなで楽しく活動ができる
引っ張りボウリング

●対　　象	●一対一対応や数唱の学習を取り扱う児童生徒
	●決められたルールの中で、他者と競い合ったり、応援し合ったりするなど、集団での活動を学習する児童生徒
●ねらい	●ボウリングのピンを対応させて並べたり、10までの数を数えたりする。
	●友だちと一緒に、勝ち負けのある遊びを楽しむ。
●教材が活用できる授業名	●算数　●生活単元学習　●自立活動　●生活
●提　　供	長崎県立佐世保特別支援学校　久野　明日見 （前：附属久里浜特別支援学校）

教材の特徴

・やさしく取り組めるボウリングです。さまざまな実態の子どもが楽しみながら活動することができます。

・ボール代わりの巾着袋につけたゴムの長さを変更することで、引っ張る長さや強度を調整することができます。

・新聞紙を入れた巾着袋を使用しているため、少しの力でもつかむことができて、引っ張りやすくなる工夫をしています。

用意する物・材料

【材　料】　・栽培用の支柱　　・輪ゴム　　・巾着袋　　・新聞紙　　・ペットボトル
【作り方】　①巾着袋の中に、新聞紙を詰めます。
　　　　　　②輪ゴムを一つ一つつなぎ合わせて、長いゴムにします。

③支柱の真ん中と巾着袋をゴムでつなぎます。

＊活動する際には、支柱部分を床にテープで貼り付けます。引っ張った際に、支柱が取れることがないように、しっかりと貼り付けてください。

使い方・実践例

・授業のねらいに合わせて、引っ張りボウリングを活用してみてください。

〈例〉

①ボウリングのピンを土台の丸シールに合わせて並べます。

②巾着袋を引っ張って離すことで、ピンを倒します。

③倒れたピンの数を数えます。

④友だちや自分の結果を見比べて、勝ち負けを学習します。

ペットボトルのピンを並べる様子

巾着袋を引っ張って、
ピンを倒そうとする様子

倒れたピンを数える様子

♪ 教材のアレンジや工夫 ♪

・生活科のものの仕組みや働きの学習内容において、ゴム（身の回りにあるもの）の仕組みや働きに気付いたり、分かったりする学習にも活用することができます。引っ張る距離を変えて、ピンが倒れるか倒れないかを試したり、本数を比較したりすることができます。

・握る、引っ張るなどの手指機能を高めることや、力加減を調整することなどをねらいとした自立活動の授業でも使用することができます。

・さまざまな障害種や実態差のある児童生徒がいる集団でも、それぞれに合わせたねらいをもって、活動を行いやすい教材です。ぜひ、子どもたちと一緒に本教材を活用しながら、ボウリングを楽しんでみてください。

交流（スポーツ）②

ID：31

音で場所を確認できる
ブラインドサッカー®ボール

●対　象	●ボール遊びができる視覚障害のある幼児児童生徒
	●幼稚部、小学部、中学部、高等部
●ねらい	●ボールに慣れる。
	●ボールを蹴ったり、止めたりする。
	●ブラインドサッカーを楽しむ。
●教材が活用 　できる授業名	●体育（ボール運動）
●提　供	附属視覚特別支援学校　中村　里津子

教材の特徴

・ボールの中に金属片が入っており、転がると「シャカシャカ」と音が出るので、ボールのある場所を音で確認することができます。

・通常のフットサルボールやサッカーボールより重いので、遠くまで転がりにくいという特徴があります。

・ブラインドサッカーをはじめ、フットサルボールやサッカーボールとしても使用できます。

用意する物・材料

・JBFA 公認ブラインドサッカーボール SFIDA（スフィーダ）製
　カラー：ブルー×ホワイトのコントラストで見やすい配色
　材質：人工皮革、サイズ：直径約 20cm（国際基準）、重量：約 450g
・以下のサイトから購入できます。
　日本ブラインドサッカー協会 JBFA ストア
　（https://b-soccer.shop/）

使い方・実践例

・ボールの場所を定位したり、ボールを追いかけたりする活動を通して、ボールの動きを理解することができます。
・お互いが声をかけ合うことで位置や距離を把握して、ボールを蹴り合うことができます。また、視覚に障害のない児童生徒と一緒に楽しむこともできます。
・声をかけ合いながらボールを扱うことを身に付けることで、ゲーム形式の活動や他の球技へ発展させていくことが可能です。
・フィールドプレーヤーは、危険な接触を防ぐため、ボールを持った相手に対し「ボイ！」と声を出します。この「ボイ！」を発しないとファールになります。相手ゴールの裏には「ガイド」とよばれる案内役が立ち、オフェンスに対してゴールの位置や距離、角度などをプレーヤーにガイドします。

【参考】
・ブラインドサッカーとは
https://www.b-soccer.jp/blind_soccer
・ブラインドサッカーとは？　競技の魅力を選手が語る！
https://www.youtube.com/watch?v=_NAsBkJ6PHk

♪ 教材のアレンジや工夫 ♪

【音のなるボールの活用場面】

　ブラインドサッカーの公認球以外に、日本点字図書館オリジナルのサッカーボールがあります。転がったときにボールの位置を音で確認しやすいよう、ボールの中に鈴が入っています。

　　材質：合成革製、大きさ：（直径）22cm、重さ：450g、
　　メーカー：モルテン

　これらの音のなるボールは、視覚特別支援学校（盲学校）では以前から使用しており、次のような場面でも活用されてきました。

①視覚に障害のある児童生徒が在籍している、通常の学級での体育の授業やレクリエーション活動
②ゴールボールやブラインドサッカーなど視覚障害スポーツの体験活動

　音の手がかりがあることで、ボールを注視したり追視したりしやすくなるというメリットがあるので、今後、視覚障害以外にも発達支援が必要な子どもたちへの活用が期待されます。

交流（スポーツ）③ ID：546

スイスイ運んで、ゴールにシュート！
フロアホッケー

●対象	●小学部、中学部、高等部の児童生徒
	●手と目の協応に課題がある児童生徒
	●決められたルールの中で、他者と競い合ったり応援し合ったりするなど、集団での活動を学習する児童生徒
●ねらい	●簡単なルールを理解し、物の操作をしながら、安全に身体を動かしたり勝ち負けのあるゲームを楽しんだりする。
	●力加減やスピードを調整して、身体を動かす。
●教材が活用できる授業名	●体育、保健体育　●遊びの指導　●生活単元学習　●特別活動
●提供	附属久里浜特別支援学校　工藤 飛鳥・柳下 笑子

教材の特徴

・実態差がある学級でも、ボールを運ぶ、シュートするなどの動きに、個々で取り組むことができるので、初めてのチーム戦に適しています。
・ボールの大きさや数を変えることで、難易度を調整することができます。
・ボールを運ぶ、シュートするなどの一つ一つの動作を習得することで、動きにつながりをもつことができ、スムーズに取り組むことができるようになります。

用意する物・材料

【材料】・サランラップの芯　・カラーガムテープ　・綿　・新聞紙　・ひも　・フェルト
【作り方】スティック：①サランラップの芯を2〜3本つなげ、カラーガムテープで巻きます。
②先端に丸めた新聞紙を綿、フェルトで包んでひもを結びます。

ボ　ー　ル：①新聞紙を5、6枚重ねて5cm程度の幅で折ります。
　　　　　　②フェルトを縫い、中に折った新聞紙を入れます。
　　　　　　③円状に整えて止めます。
ゴールポスト：箱型のものであればどのようなものでも代用できます。

使い方・実践例

①2チーム（写真では赤チームと青チーム）に
　分かれます。
②自分のチームの色のボールをスティックで運
　びます。
③ゴールにシュートします。
④全部のボールがなくなったら、ベンチに座り
　ます。
⑤結果発表

場の設置

試合の様子

交流の様子：応用編ルール

♪ 教材のアレンジや工夫 ♪

・車いすに乗っている児童生徒でも、取り組むことができます。
・通常の学級との「交流及び共同学習」でも取り組むことができ、応援し合ったり、
　協力したりして、互いに関わりを多くもつことができます。
・ねらいに応じて、ボールの形状やルールを変えることで、学びのバリエーションも
　増えます。また、次のように応用することもできます。
【応用編ルール　フロアホッケーリレー】
　①2チームに分かれ、順番を決めます。
　②スティックをバトンにし、ボールを操作しながら、コーンを回ってきます。また
　　は、ゴールにシュートします。
　③次の人にスティックを渡します。早くゴールをしたチームの勝ちとします。

身の回りの文房具でレッツプレイ！
消しゴムボッチャ

●対　象	●小学校３年理科で「ゴムの力の働き」を学んだ児童
	●小学部１〜３段階生活科で「ゴムの力の働き」を学んだ児童
	●中学部１段階理科で「ゴムの力の働き」を学んだ生徒
●ねらい	●ゴムの力の働きを、実感を伴って理解できるようにする。
	●力加減の工夫を通して、粘り強く試してみる力を育てる。
●教材が活用	●理科　●生活　●体育、保健体育　●遊びの指導
できる授業名	●その他休み時間等
●提　供	附属桐が丘特別支援学校　小山　信博

教材の特徴

・たくさんの人が楽しめるボッチャを、テーブルの上に持ってきました。養生テープでコートを作ったら、消しゴムと定規、輪ゴムを使って遊べます。
・定規を固定したり、消しゴムの数を変えたりなど、さまざまな支援をしながら、同じルールでみんなが遊ぶことができます。
・やってみると、力加減が思ったよりも難しく、何度も試したくなります。

用意する物・材料

・広い机やベニヤ板などに、養生テープやマスキングテープを使用して、コートを書きます。上の写真では、白い会議用長机を２つ並べています。
・消しゴムを13個用意し、○型のシールを貼って、白（ジャック消しゴム１個）、青（６個）、赤（６個）を区別できるようにします。消しゴムの数は適宜調整します。右の写真では、赤・青３個ずつ用意しています。
　消しゴムは、カバーを取らない方が適度な摩擦があり飛ばしやすいです。
・消しゴムを飛ばすためには、定規の端に輪ゴムをテープで止めたものを使用します。輪ゴムに消しゴムを引っかけて、引っ張り具合で飛ぶ（滑る）距離を調節します。消しゴ

ムを引きにくい場合は、定規の場所や方向を決めたら、必要に応じて養生テープで定規を盤面に固定すると引きやすくなります。

・ゲームは、ボッチャのルールの通り行います。勝敗を決めるときや、得点を決めるときには、ひもがあると便利です。

使い方・実践例

〈遊び方の例〉

①じゃんけんをします。勝った人が先攻か後攻かを選びます。負けた人は好きな方の色を選びます。

②先攻の人が、白の「ジャック消しゴム」を飛ばします。

③続けて先攻の人が、自分の色の消しゴムを投げます。

④後攻の人が、自分の色の消しゴムを投げます。

⑤「ジャック消しゴム」から遠い色の人が、相手よりも近くに消しゴムを飛ばしたり移動させたりするか、消しゴムがなくなるまで飛ばします。

⑥先攻の人も、後攻の人も、全部の消しゴムを飛ばし終わったら、得点を調べます。

〈勝敗と得点の調べ方の例〉

○「ジャック消しゴム」に、一番近い消しゴムの色の人が勝ちです。

○負けた人の消しゴムのうち、「ジャック消しゴム」に一番近い消しゴムより内側にある「勝った人の色の消しゴム」の数が、勝った人の得点になります（負けた人は0点です）。

○勝敗を決めたり、得点を調べたりするためには、距離を比べる必要があります。距離を比べるためには、細かい目盛りはなくてよいので、ひもが便利です。

♪ 教材のアレンジや工夫 ♪

・小さな力で体験したり、ゲームができたりしますので、いろいろな児童生徒が楽しめます。定規の長さや重さ、輪ゴムの太さなどを変えると、扱いやすさや消しゴムの飛ばしやすさに多様性が生まれます。

・はじめの写真では、会議用のテーブルを使用しています。盤面を机の高さに設定できるので、車いすの児童生徒も楽しみやすくなります。昇降式のテーブルを使えば、より多様な座高の児童生徒が楽しみやすくなるでしょう。

・体育館でボッチャをやる場合、空間が広いので一度に情報を把握することが難しい人でも、長机くらいの広さなら盤面が狭いので状況を把握しやすい利点があります。体育などで実際のボッチャをしながら、作戦会議に使うこともできるでしょう。

・1回ずつ勝敗を決めたり、何回かゲームをした合計点で競ったりするなど、勝敗の決め方も調整できます。遊ぶ人の理解の程度や好みに応じて調整するとよいでしょう。

・対象には「ゴムの力の働き」を学んだ児童生徒としましたが、学ぶ前に導入として、経験を補ったり、体験を通して疑問をもったり、問題を見出したりするために活用することもできます。

交流（スポーツ）⑤

ID：444

指先の動きで、ねらって転がすことができる
ボッチャの支援用具

●対　象
- 投球する際に必要となる運動機能に障害がある児童生徒
- 投球することに苦手意識を感じている児童生徒

●ねらい
- 自分のできる投球方法を知り、ボールを転がすことができる。
- 方向や勢いを調整して、ねらったところにボールを転がすことができる。

●教材が活用できる授業名
- 体育、保健体育

●提　供
　附属桐が丘特別支援学校　佐々木 高一

教材の特徴

- 投球では、ボールを握る、手を伸ばす、ボールを離すといった複数の動きをタイミングよく組み合わせることと同時に、方向や勢いの協調も求めることから、難しさや苦手意識を感じる児童生徒がいます。
- 本教材を使うことで、指先でボールを押すといった動きで参加することができます。また、方向や勢いは支援者とともに調整できる

ことから、ねらったところへボールを転がす成功体験が得やすくなります。それによって、投球する楽しさを学ぶことへのつながりが期待できます。

用意する物・材料

- 半丸型の雨どいを使用します。写真はホームセンターで購入したものです。雨どいは、児童生徒が使いやすい長さにカットしてください。
- 雨どいに輪ゴムをとりつけてボールを固定できるようにすると、雨どいを傾けた状態でもボールが転がっていきません。ボールを指先で押し出すことに時間がかかる児童生徒であっても、本人のペースに合わせることが可能です。

- ２人組になり、ボールを押し出す人と雨どいを支える人の役割に分かれます。
- まずは練習を行います。ターゲットに近づけられるように投球をしていきます。ボールを押し出す人は、ターゲットまでの距離をふまえ、雨どいの傾きや向きを言葉や身振りで伝えていきます。
- 投球中は、雨どいを支える人はターゲットの方を見ないよう、指示に従って調整していくようにします。これは、ボールを押し出す人自身が方向や勢いを考えるようにすることで、投球する主体はあくまでもボールを押し出す人であることを大切にするためです。

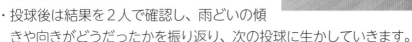

- 投球後は結果を２人で確認し、雨どいの傾きや向きがどうだったかを振り返り、次の投球に生かしていきます。
- ターゲットの置き場所を変えて、２人で協力しながら練習を進めていきます。
- 投球練習が終わった後は、ボッチャのゲームに移ります。できるだけジャックボールにボールを近づけられるよう、力を合わせて競技を行っていきましょう。
- 障害のある子どもと障害のない子どもとの「交流及び共同学習」において、ボッチャが行われることがあります。ボッチャのルールや使用する用具は、障害の有無にかかわらず楽しみを得られやすいものではありますが、その場にいる子どもたちの実態が多様になると、思うように活動に参加できない子どもが出てくる場合もあるでしょう。その際には、みんなが共にボッチャを楽しめるよう、ルールや用具を柔軟に変更・調整することについて、子どもたちと合意形成を図りながら試みていくことが大切となります。

交流（スポーツ）⑤

♪ 教材のアレンジや工夫 ♪

- ペア間での協力や交流を図ることをねらいとし、全員が雨どいを使った投球でゲームを行うという工夫が考えられます。
- 転がすボールをソフトボール等の硬いものに変えると、床上をゴロゴロと転がっていきます。空のペットボトルをピンとして、ボウリングに見立てて行うこともできます。
- かごの高さを低くし、雨どいを用いてカラーボールを転がすようにすることによって、運動機能の障害が重度な子どもでも、玉入れを行うことができます。

交流（スポーツ）⑥　　　　　　　　　　　ID：432

パラアスリートによる講演会（一部）を収録した
オリンピック・パラリンピック教育用教材ビデオ

●対　象	●小・中・高等学校に通う児童生徒
	●特別支援学校に通う児童生徒
●ねらい	●パラアスリートの言葉を聞いて、パラスポーツの魅力や障害に対する理解を深める。
●教材が活用できる授業名	●体育、保健体育　●道徳　●総合的な学習（探究）の時間
●提　供	附属視覚特別支援学校　山本　夏幹

教材の特徴

・本教材は、附属視覚特別支援学校の高等部生徒がパラアスリートへインタビューを行った講演会（一部）の様子を収録しています。先生方の授業で活用できるように、

動画として掲載しました。詳細については、「データベース　ID：432」の本教材をご視聴ください。
・インタビューに応じてくださったアスリートは、東京パラリンピック柔道73kg級男子日本代表の永井崇匡選手、ゴールボール男子日本代表の信澤用秀選手です。
・視聴する児童生徒は、それぞれの専門競技の魅力に気付き、スポーツの観点から視覚障害に対する理解を深めることができます。

用意する物・材料

・授業で活用する場合には、動画を再生するための電子機器や投影機材などをご準備ください（パソコン、大型モニター、プロジェクターなど）。

　各授業のねらいに応じて、活用することが可能です。

①保健体育において、オリンピック・パラリンピック教育の一環として、東京パラリンピックのレガシーである本教材を活用できます。

②道徳において、視覚障害アスリートの人間性に着目して動画を視聴しましょう。

③総合的な学習（探究）の時間において、パラリンピックに関する調べ学習の教材にできます。

　以下、動画の一部を紹介します。

　インタビューは体育館の前方に永井崇匡選手と信澤用秀選手が座り、附属視覚特別支援学校の生徒が向かい合う形でならんで座り実施しました。

　生徒たちからは「競技をはじめたきっかけや魅力」「初めて日本代表選手として世界で戦ったときの感想」などの質問があがりました。アスリートたちからは生徒たちの質問に対して、これまで競技生活の中で感じてきたことや関わってきた人たちから受けた影響などを、具体的なエピソードとともにお話いただきました。

　授業後に、生徒に対してアンケートを実施しました。自ら考えた質問をアスリートに投げかけ、直接アスリートたちから届けてもらうことで、日ごろの学校生活での過ごし方や将来の目標設定などについて、多くの刺激を受けた様子がみられました。

♪ 教材のアレンジや工夫 ♪

・視覚障害パラアスリートだけでなく、肢体不自由等のパラアスリートについて調べ、さまざまなパラアスリートの言葉を聞き、学習を広げて深めることができます。

・本教材を通して興味・関心をもったパラスポーツに親しみ、競技の魅力や難しさを知り、選手の努力をより身近に感じることができます。

・本教材をきっかけにして、大会を観戦したり、ボランティアとして関わったりすることにより、パラスポーツや視覚障害についてより詳しく学ぶことができます。

・視覚に障害のある児童生徒が視聴することで、パラアスリートを自身のモデルとして感じることができ、生きる力を育むきっかけにすることができます。

先生方、ぜひ本教材を授業でご活用ください！

交流（スポーツ）⑥

特別支援学校との交流会を通した
ユニバーサルスポーツの開発

1 はじめに

　共生社会を創っていくためには、変化の激しい社会に適応していく力よりも、理想とする社会を自分自身で創っていく力が求められています。そのためには、これまでに身に付けた知識を統合して、新しいアイディアに進化させていく体験が重要です。

　私が勤務する筑波大学附属坂戸高等学校（以下、本校）では、定期的に、附属特別支援学校との交流会を行っております。

　本校では、福祉科と体育科の協働型授業として、福祉の視点・体育の視点からそれぞれ学んだことを出し合い、障害のあるなしにかかわらず、全ての人が楽しめるユニバーサルスポーツの開発に取り組んでいます。これは、既存のスポーツのルールを守るのではなく、参加メンバーに合わせて新しく道具やルールを創り出す取組です。支援をする側・される側の関係ではなく、その場を構成する同等のメンバーとして、同じ楽しさを享受することができる公正な関係を創り上げることに向けた挑戦です。

2 開発したユニバーサルスポーツの紹介

　本校と附属大塚特別支援学校・附属桐が丘特別支援学校との交流会を通して開発した、ユニバーサルスポーツの「おかあさんといっしょ」を紹介します。

　＊本文中の写真はいずれも、附属桐が丘特別支援学校（肢体不自由）との交流会の様子です。

【スポーツ名】

　おかあさんといっしょ

【ストーリー】

　このスポーツは、人気の遊びの一つである「だるまさんがころんだ」をベースにしたスポーツで、鬼（おかあさん）が出すお題をなるべく早くクリアすることを目指します。「おかあさんの言うことをしっかり聞いて、おかあさんに怒られないようにしましょう！」と呼びかけます。

写真1 「どんなお題かな？」ドキドキしながらチームで一緒に確かめます。

【ルール】

　各チーム2人ペア（兄弟）になって、各チームから1ペアずつレーンに分かれて並びます。兄弟はおかあさんから出されるお題を聞き、レーンの後ろにある「はてなボックス」から必要なものを持ってきて、自分のチームのメンバーと協力しながらお題をクリアします。

　最初にお題をクリアすることができた兄弟は1マス進み、4マス目まで進むことができたら1ポイントゲットです。制限時間内に、たくさんポイントをゲットできたチームの勝ちとなります。

写真2 「はてなボックス」から、チームで協力しながら必要なものを運びます。

【お題の例】

・タオルを4枚たたみなさい！

・20秒で、できるだけたくさん洗濯ばさみを洋服につけなさい！

・洋服を3着、ハンガーにかけなさい！

・さいころをふって、2人で同じ目を出しなさい！

　また、附属桐が丘特別支援学校との交流会では、特別支援学校側が考案した「風船 de 大名行列」というスポーツを一緒に行いました。

　「風船 de 大名行列」は4人でチームを組み、台に載せた風船を落とさないようにしながら運ぶゲームです。互いの学校が混合で、立位の生徒2人と車いすを使用する生徒2人の計4人でチームを組みました。お互いに自然体で打ち解けて、互いに声かけをしながらプレーを楽しんでいました。

写真3　お互いの学校の生徒が、息を合わせながら一緒にプレーしています。

3　ユニバーサルスポーツ開発を通した生徒の変化

　交流会を通して、本校の生徒たちは障害のある人として相手に関わるのではなく、同年代の友だちの一人として関わることを自然に覚えていった様子でした。

　これまでの交流会のうち、最も印象に残っている本校生徒の感想を紹介します。

　「今までは障害のある人を電車で見かけたときにも、自分とは距離があるように感じていた。交流会を重ねた今は、気軽に話しかけられそうになるまで、自分の気持ちが変化したことに気付いた。」

　高校生の多くは、これまでの福祉教育の経験から、障害のある人には気をつかって傷つけないように、遠慮がちに関わろうとする姿勢が見られがちです。紹介した交流会のように、その場にいるみんなが楽しめるユニバーサルスポーツを考案し実際に体験することで、一緒にスポーツを楽しむことを阻害している要因を考え、自らが気付くきっかけになるのではないでしょうか。

　例えば、スポーツを楽しむことを阻害している要因が、障害のある当事者ではなくて、スポーツのルールや道具、あるいは自分自身の遠慮や照れなどであると気が付くことで、どのように関わればいいのか？という相手に向けた矢印から、自分が作っている壁は何なのか？という自分に向けた矢印になっていくのではないかと考えています。

　開発したユニバーサルスポーツは実施するたびに課題点が見つかり、常に改善していくことが求められており、終わりがありません。同じことは、共生社会の実現を目指す際にも求められる姿勢だと思います。

　交流会で育まれた態度が、共生社会の実現に寄与することを期待しています。

　そしてさらに、多くの人が共に楽しめるユニバーサルスポーツがもっと広がることを願っています。

（附属坂戸高等学校　熊倉　悠貴）

附属久里浜特別支援学校の交流及び共同学習の紹介

1　はじめに

　本校は知的障害を併せもつ自閉症の幼児児童を教育対象とする特別支援学校です。令和5年度は幼稚部18名、小学部34名の合計52名の幼児児童が在籍しています。

　本コラムでは、本校の小学部児童と、同じ市内にある公立A小学校の6年生の1学級（30名前後在籍）との交流について紹介します。交流は、A小学校の児童を6グループに分け、それぞれのグループが本校の1〜6年生の各学級とペアになり、年間を通して同じペアで行います。A小学校との交流は平成11年度から開始され、今年度で24年目となります。ここでは最新の交流について紹介します。

2　2023年度の取組

（1）交流に向けて

　A小学校と本校の担当教員同士で、ねらいの共有、児童の実態についての情報共有、交流回数や具体的な日程の調整等を行いました。打ち合わせの結果確定された活動計画は表の通りです。

表　年間活動計画（2023年度）

日　程	活動場所・「取組」・対象	内　容
6月下旬	A小学校「出前授業①」 担当：本校教員（筆者） 対象：A小学校児童	・本校の紹介 ・「障害」について ・今後の交流について
7月上旬	本校「本校の見学」 対象：交流校児童	・施設及び、本校児童の学習の様子を見学
7月中旬	本校「直接交流①」 対象：本校児童、A小学校児童	・本校で計画した内容に取り組む ・振り返り
9月中旬	本校「直接交流②」 対象：本校児童、A小学校児童	・前回交流の振り返り ・本校で計画した内容に取り組む ・振り返り
11月上旬	A小学校「出前授業②」 担当：本校教員（筆者） 対象：A小学校児童	・これまでの振り返り ・活動内容を考えるときのポイント
11月下旬	A小学校「直接交流③」 対象：本校児童、A小学校児童	・交流校の児童が考えた内容に取り組む ・振り返り
2月中旬	A小学校「直接交流④」 対象：本校児童、A小学校児童	・交流校の児童が考えた内容に取り組む ・振り返り

（2）出前授業

　本校の担当教員（筆者）がＡ小学校に出向いて行う授業です。初回は本校の紹介と、Ａ小学校児童の「障害」に対する理解の実態を聞きとった上で、障害の社会モデルに基づいた考え方について理解を深められるようにクイズ形式で授業を進めました。

　2回目の出前授業では、Ａ小学校児童がこれまでの交流経験等をもとに、次回の交流内容を考えていくこととなるため、各回の終了後の振り返りの中で出された気付いたこと（子どもたちの特徴や先生たちの工夫など）を整理し、活動を考える上でポイントとなることを確認しました。図は、実際の出前授業で提示したスライドです。

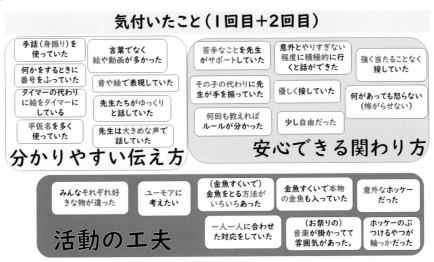

気付いたこと（1回目＋2回目）

分かりやすい伝え方
- 手話（身振り）を使っていた
- 何かをするときに番号をふっていた
- タイマーの代わりに絵をタイマーにしている
- 平仮名を多く使っていた
- 言葉でなく絵や動画が多かった
- 音や絵で表現していた
- 先生たちがゆっくりと話していた
- 先生は大きめな声で話していた

安心できる関わり方
- 苦手なことを先生がサポートしていた
- その子の代わりに先生が手を振っていた
- 何回も教えればルールが分かった
- 意外とやりすぎない程度に積極的に行くと話ができた
- 優しく接していた
- 少し自由だった
- 強く当たることなく接していた
- 何があっても怒らない（怖がらせない）

活動の工夫
- みんなそれぞれ好きな物が違った
- ユーモアに考えたい
- 一人一人に合わせた対応をしていた
- （金魚すくいで）金魚をとる方法がいろいろあった
- （お祭りの）音楽が掛かってて雰囲気があった。
- 金魚すくいで本物の金魚も入っていた
- 意外なホッケーだった
- ホッケーのぶつけるやつが輪っかだった

図　Ａ小学校児童の意見集約・整理（出前授業スライド）

（3）本校での交流

　本校の各学年の教員が交流内容を考えて取り組みました。本校教員には、今後Ａ小学校児童が交流内容を考えるにあたって、ヒントやモデルとなることを意識しながら取り組んでもらうこととしました。

　具体的な活動内容としては、玉入れ、大玉転がし、お店屋さんごっこ、フロアホッケー、夏祭り（写真1）などが行われました。

　実際に交流したＡ小学校児童のアンケートでは「言葉じゃなく絵や動画が多かった」、「先生がゆっくりしゃべっていた」、「意外なルールだった」、「みんなそれぞれ好きなものが違った」などと感想が出され、教員の工夫や一人一人の個性の違いを肌で感じている様子が見られました。

写真1　本校での交流

（4）A小学校での交流

　本校での交流の経験と出前授業を受けて、A小学校の児童が考えた活動はボウリング、ストラックアウト、障害物走などで、随所に本校の子どもたちが活動に向かうための工夫がちりばめられていました。紙幅の都合上、活動ごとに紹介できませんが、以下にポイントに沿って紹介していきます。

①　分かる工夫

　投げる立ち位置にラインが引かれている。的の後ろ側から、的に注目して投げるように言葉かけをする役割の子どもを配置する。手本動画でやることを伝える。狙いやすい大きな三角コーンを的にする。

②　教材の工夫

　的に児童の興味・関心の高いイラスト等が貼ってある。パズルが得意な児童には的にパズルのピースが貼られており、的を倒すとそのピースを型にはめることができる（写真2）。

③　活動の工夫

　レーンガードを用意して確実にピンが倒れるようにする。投げたり転がしたりするボールの大きさや素材を選択することができるように、さまざまな物を用意する。賞品に選択肢がある。待ち時間が長くならないように小グループに分ける。的を狙うときの距離を子どもに応じて調整する。待機場所に一人ずつの椅子を用意する。待ち時間に椅子だけでなくマットを置き、リラックスできるスペースを用意する。児童の動きに合わせて柔軟にルールを変更する。

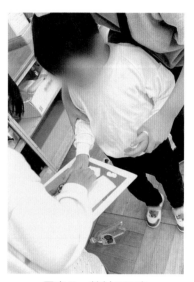

写真2　教材の工夫

④　関わりの工夫

　うまくいったときにはみんなで称賛して盛り上げる。共感的に関わる。

3　おわりに

　全ての交流を終え、晴れやかな表情で帰途に就く本校の児童、その背中が見えなくなるまで手を振るA小学校の児童の姿に、共に活動する時間の中で、ただ場を共有しただけでなく、確かなつながりが築かれていたことが表されていたように感じました。また、交流の前後で、A小学校の児童には本校の児童との関わりについて、どのような感情を抱き活動を経て変化があるのか、変化した場合にはなぜ変化したのか、などのアンケートを取りながら交流を進めています。それらの結果を参考にしながら、今後の交流がよりよいものとなるようブラッシュアップしていきたいと考えています。

（附属久里浜特別支援学校　遠藤　佑一）

健康管理・安全・環境

検温の結果が視覚的に分かる
きょうのおねつ

●対　　象	●「体温がどのくらいなのか」というイメージをもちにくい幼児児童
●ねらい	●体温がどのくらいなのかを知ることができる。 ●体温が示す身体の状態について知る。
●教材が活用 　できる授業名	●日常生活の指導　●自立活動
●提　　供	附属久里浜特別支援学校看護師　恒次 律枝

教材の特徴

・検温の結果から分かる身体の状態を「元気」「注意」「発熱」の３段階で表示しています。

・ひらがなの短い言葉、表情のイラスト、信号機をイメージした色の３点を組み合わせ、矢印を貼るだけで、見てすぐに自分の体調が分かるようにしました。

・矢印を面ファスナーで貼って動かせるため、誰でも繰り返し使うことができます。

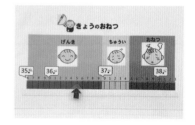

用意する物・材料

・「きょうのおねつ」のプリント（Microsoft Power Point で作成）

・表情のイラストは NPO 法人ドロップレット・プロジェクト「視覚シンボルで楽々コミュニケーション障害者の暮らしに役立つシンボル1000、CD–ROM 付き」（エンパワメント研究所）より

・ラミネート　　・面ファスナー

※本教材では「言葉」「表情」「色」を次のように表示しています。

表1

36.9℃まで	「げんき」「にこやかな表情の絵」「青」
37.0〜 37.4℃	「ちゅうい」「困った表情の絵」「黄色」
37.5℃以上	「おねつ」「頭を冷やしている絵」「赤」

【作り方】

① パソコンで本体と矢印を作成します。

　おおよその体温の範囲を決め、横長に体温の目盛りを作成し数字を書き入れます。その上にもう１段欄を作り、「元気」「注意」「発熱」の３つに色分けし、それぞれの欄に言葉、表情のイラスト（※表１参照）を挿入します。

② 本体と矢印をラミネート加工します。

③ 矢印の裏面と本体の目盛りの下線に沿って、面ファスナーを貼ります。

使い方・実践例

① 体温を測り、測定結果と同じ数字のところに、矢印を貼ります。数字が読める幼児児童は自分で、数字が読めない幼児児童は大人と一緒に矢印を貼ります。

② 矢印の示す部分の上の欄のイラストと文字を見て、身体の状態（元気、注意、発熱）を確認します。

・身体の状態と活動への気持ちが異なるように見えるとき（例えば、体調が良くなさそうなのに外に行きたがっていたり、体調は良さそうなのに保健室で休みたいと言っていたりするときなど）に、気持ちの切り替えを促すために活用しています。

・繰り返し使うことができるため、毎回確認して学習できます。

・体温計に表示される「〇〇てん〇ど」（〇〇. 〇℃）という数字の読み方も、本教材を見ながら練習できます。

♪ 教材のアレンジや工夫 ♪

・検温の結果を大人が言葉で伝えるのではなく、幼児児童が見て分かるようにしたいと考えて作成しました。

・本教材は手書きでも作成できます。またラミネート加工の代わりにクリアファイルに挟んだり、厚紙に貼ったりすることで繰り返し使うことができます。

・矢印の誤飲や紛失が心配な場合には、本体と矢印をひもでつないだり、本体の面ファスナーの部分をひもなどに替えて、矢印をスライドできるようにしたりするとよいでしょう。

・身体の状態の上に、もう一段欄を作り、「外」、「部屋の中」など、どこで過ごすかを表示して活用することもできます。

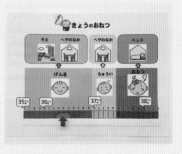

健康管理・安全・環境②　　　ID：198

触れられることが苦手な子どもがスムーズに検温できる
体温計カバー

●対　　象　　● 身体に体温計や人の手が触れるのを嫌がる幼児児童
　　　　　　　● 脇の下で体温を測ることが苦手な幼児児童

●ねらい　　● 脇の下用の体温計を使って正確に体温を測ることができる。

●教材が活用　● 日常生活の指導
　できる授業名

●提　　供　　附属久里浜特別支援学校看護師　恒次 律枝

教材の特徴

・体温計のセンサー以外の部分をフェルトでくるんであるため、体温計の硬さや冷たさを感じることなく検温できます。

・中央の座布団のような部分が腕のつけ根でストッパーとなり、脇の下の正しい位置にセンサーが入るため、体温計の位置の修正をしなくてすみます。

・検温に対する「嫌だ」、もしくは「怖い」などの気持ちを和らげるために、幼児児童が好きなキャラクターやタレントに見立てて、装飾しました。

用意する物・材料

【材　料】　・フェルト　・綿　・裁縫道具

【作り方】　①体温計本体部分：体温計の形のフェルトを2枚用意します。センサーの部分は切り落とし、両脇を縫い合わせます。キャラクターに見立てる装飾は、縫い合わせる前に行います。

②ストッパー部分：中央に体温計が通るくらいの穴を開けた、一辺がおよそ
　10cm四方のフェルトを2枚用意し、中央の穴の周囲と外周を縫って中
　に綿を詰め、ドーナツ状にふくらませます。

③②の穴に①を通し、脇の下にセンサーが当たるように位置を調整して縫い
　付けます。

使い方・実践例

【使い方】

①脇の下用の体温計のスイッチを入れて、体温計カバーに入れます。

②体温を測ります。

③測り終わったらカバーから体温計を取り出して、体温を確認します。

＊①〜③を練習して使い方を覚えたら、カバーを体温計とセットで置いておく
　と、一人でも測れるようになります。

♪ 教材のアレンジや工夫 ♪

・肌の感覚過敏がある幼児児童は、脇の下用の体温計を正確な位置に挟むことに苦
労することがあります。そのため、検温のストレスを軽減できないかと考えまし
た。服と同じような肌感覚となり、さらに同じ素材で作ったストッパーにより、
何度も体温計の位置を修正する必要がなくなります。

・フェルトに限らず、個々の幼児児童が好む肌触りの良い生地で作成してもよいです。

・肌の感覚以外の気持ちの問題で、体温を測ることを嫌がる幼児児童には、ちょっ
としたお楽しみ要素として、好みのキャラクターに見立てたカバーをすると、検
温に応じてくれることがあります。ストッパー部分は、必要に応じて付けてくだ
さい。

実際に起きた事故・事件から危険を学び予測する
安全教育・危険予測学習指導案例(視覚障害)

- ●対　　象　　●視覚に障害がある児童
- ●ねらい　　●視覚障害者が巻き込まれた事故や事件について知る。
　　　　　　　●危険を予測し、自分や他の人の安全のために主体的に行動するにはどうしたらよいか考える。
- ●教材が活用　●自立活動　●道徳　●体育　●家庭
　できる授業名　●安全教育・危険予測学習
- ●提　　供　　附属視覚特別支援学校　中村　里津子

教材の特徴

・危険予測学習(危険予知トレーニング：KYT)とは、絵や写真、動画などの視聴覚教材や資料を見て、そこに潜む危険を予測し指摘しあうことで、現実に起こりそうな危険に気付き、事故に遭わないためにはどのように行動するのかを考え、自ら安全に行動できる

るように、危機意識や安全意識を高めることを目的とする学習活動です。
・本指導では視覚に障害がある児童のため、視聴覚教材ではなく、実際に起きた事故・事件の記事を資料として取り上げています(資料については、「データベース　ID：563」をご参照ください)。

用意する物・材料

・視覚障害者に関連する事故や事件の記事データ(例として以下の4種類)
　①視覚障害者同士の衝突事故　　　　③道路横断中の交通事故
　②視覚障害者と晴眼者の衝突事故　　④盗撮
・データを表示する点字モバイル端末(ブレイルメモ、ブレイルセンス等の点字ディスプレイ[点字ディスプレイがない場合は点字用紙に印刷した資料])

使い方・実践例

- 自立活動における視覚障害児者の歩行に関する学習の一環として、実際に起きた視覚障害者に関連する事故や事件の事例を資料として扱っています。
- 厚生労働省の「社会福祉施設における安全衛生対策マニュアル～腰痛対策・KY活動～」にある「4ラウンド法（KYT基礎4R法）」を参考に以下のような展開を設定しました。

1R　現状の把握	どんな危険が潜んでいるかについて考え、自由に意見を発表させます。友だちの意見を否定するような発言は控えさせます。
2R　本質の追究	事例を提示して、どこが危険であったか問題点を整理します。
3R　対策の樹立	自分ならどうするか、改善策や解決策を考えさせます。
4R　目標の設定	改善策・解決策をまとめ、自分たちはこうしていこうという共通認識を図り、事前の危険回避を心がけるようにします。他人事ではなく、自分自身と結び付けて考えるように促します。

- どのような状況が危険であるか、予測できるようになります。
- もし自分が事故や事件に巻き込まれた場合は、どう行動したらよいかについて考え、シミュレーションすることができます。
- 他の障害種に関連する事故や事件を取り上げて応用することができます。

♪ 教材のアレンジや工夫 ♪

【教材準備における点字モバイル端末（点字ディスプレイ）の活用】

- 通常、点訳資料を準備する場合、墨字（普通の文字で書かれている文章）の資料を点字に変換した後、点字表記に誤りがないかどうか校正したり、レイアウトを整えたりしてから、点字用紙に印刷する必要があります。一方、点字モバイル端末（ブレイルメモ、ブレイルセンス等の点字ディスプレイ）で提示する場合、テキストデータを音声で読み上げさせたり、点字表示させたりすることができます。点字表記の誤りは多少ありますが、点訳や点字印刷など教材準備にかける労力と時間を減らすことができるというメリットがあります。
- 附属視覚特別支援学校では、点字使用児童生徒を対象に、小学部中学年から点字ディスプレイの指導を取り入れています。点字で文書を入力・保存したり、データを読み込んだりするほか、内蔵されている辞書データを活用したりしています。「データベース　ID：507～510」の教材をご参照ください。

健康管理・安全・環境③

健康管理・安全・環境④　　　ID：569

災害から人々を守る活動を捉えて、自分たちにできることを考える
避難所シミュレーションボード

- ●対　　象　　●小学生・中学生
- ●ねらい　　●自然災害を想定した避難所での生活をシミュレーションすることにより、自分たちにできることを考えたり選択・判断したりする力を身に付ける。
- ●教材が活用できる授業名　　●社会（地理的分野、公民的分野）　●特別活動
- ●提　　供　　附属桐が丘特別支援学校
（社会・地理歴史・公民科研究グループ　代表　笹木　昌太郎）

教材の特徴

自然災害を想定した避難所での生活をシミュレーションし、友だちと話し合いながら、自分たちにできることを考えたり、選択・判断したりするための教材です。

- ・1枚のボードの上に、架空の避難所を作ります。「自分たちが避難所の職員だったら、避難してきた人々をどの居住スペースに配置するか」を小グループで話し合って決めていきます。
- ・「避難してきた人々」として、次の絵カードを準備します。「家族世帯、妊娠している人、赤ちゃんがいる人、外国人、高齢者、車いすに乗っている人」
　上記は一例です。必要に応じて絵カードを追加してみてください。
- ・学習後、全員で集まり、どのような話をしながら取り組んだかを、グループごとに発表する時間を設定するとよいでしょう。

用意する物・材料

【材料】
①「避難所の居住スペースを示した図」

②「避難してきた人々を示した絵カード」
　（例：家族世帯、妊娠している人、赤ちゃんがいる人、
　　　　外国人、高齢者、車いすに乗っている人）

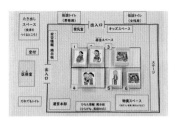

③ラミネートフィルム
④のり付きスチレンボード
⑤面ファスナー
　＊①と②は「教材・指導法データベース」からPDFを
　　ダウンロードすることができます。

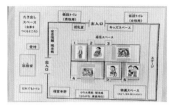

【作り方】
①「避難所の居住スペースを示した図」を用意します。
②①の図の表面をラミネートします。
③「避難してきた人々を示した絵カード」を用意し、スチレンボードに貼って切ります。
④裏に面ファスナーをつけると、「避難所の居住スペースを示した図」に貼り付けることができるようになります。

使い方・実践例

　　この避難所シミュレーションボードを活用し、実際に小学4年生の社会で授業を行いました。
　　児童は、避難所の図をよく見ながら、
「外国人は言葉が通じにくくて不安だと思うから、分かりやすい説明が書いてある掲示コーナーの近くがいいと思う。」
「赤ちゃんのいる家族は、授乳室のそばがいい。」
「高齢者や車いすに乗っている人は、入口の近くにしよう。」
などの意見を出し合いながら、居住するスペースを決めていきました。
　　避難所の職員の立場にたって、避難した人々の置かれた状況をよく考えながら、話し合うことができました。また授業後には、自分たちにできることを進んで考える姿がみられました。

♪ 教材のアレンジや工夫 ♪

・授業前に、居住スペースの決め方について、答えは一つではないことを伝えておくとよいでしょう。
・グループの人数は3〜5人程度が、話し合いが進みやすいです。
・避難所の図や絵カードは一つの例です。必要に応じて、アレンジしてみてください。
・のり付きのスチレンボードを使用してカードに厚みを出すことにより、手先の細かな動きが苦手なお子さんでも、取り組みやすくなります。
・特別支援学校だけではなく、通常の学校でも活用することができます。
・社会以外でも、避難訓練などの事前、事後学習で活用が可能です。特別支援学校だけではなく、小学校や中学校などでも幅広く活用することができます。

健康管理・
安全・環境
④

健康管理・安全・環境⑤　　　　　ID：40

自分に適した学習環境を整える
聴覚特別支援学校の教室環境に関する動画コンテンツ

●対　　象	●小学校、中学校、高等学校に在籍する児童生徒
	●聴覚特別支援学校に通う生徒
●ねらい	●聴覚特別支援学校と通常の学校の教室の違いを実際の映像で見ることにより、聴覚特別支援学校の施設面での工夫を知る。また、児童生徒それぞれに適した学習環境づくりに生かす。
	●聴覚特別支援学校特有の設備を知ることで、聴覚特別支援学校の生徒には自身の受けている支援の一端の認識をもつ。また、聴覚特別支援学校以外の児童生徒には聴覚障害の特性の理解を進めるための一助とする。
●教材が活用できる授業名	●自立活動　　●特別活動　　●交流及び共同学習　　等
●提　　供	附属聴覚特別支援学校　西分　貴徳

教材の特徴

・聴覚特別支援学校の校舎の特徴について、分かりやすく知ることができる動画のコンテンツです。
・HTMLによって組まれているため、パソコン環境の制限をほぼ受けずに使用できます。インターネット上にアップロードすることで、ファイルを持ち運ぶことなくインターネットブラウザを通して使用可能です。
・教材の枠組みはできているため、動画を差し替えていけば教室環境の変化にも対応が可能です。

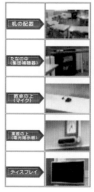

用意する物・材料

・オフラインでの使用の場合：パソコンと教材ファイル
・オンラインでの使用の場合：パソコン（＊通信環境が安定した中でご使用ください。）

使い方・実践例

・本教材のインデックスページから動画コンテンツを選択して視聴することができます。
・聴覚特別支援学校に在籍する生徒に対して動画を活用するときには、動画では扱われていない特徴などにも気付かせながら、自分のおかれた学習環境に対する理解を深められるようにします。また、生徒が普段の授業の様子を思いうかべて、聴覚特別支援学校特有の配慮がどのようなところにあるのかを話し合うことで、生徒自身が障害理解や合理的な配慮を考える際の動機付けにもなります。
・聴覚特別支援学校以外の学校に在籍する児童生徒に対して動画を活用するときには、自分たちの学校とは違う点に気付かせるようにしましょう。聴覚特別支援学校の校舎や学習環境には、さまざまな配慮や工夫があります。動画をポイントごとに一時停止して、児童生徒に気が付いたことを発表させて、配慮や工夫がなされている理由を考えさせるようにします。また、動画を見終わった後に、聴覚に障害がある生徒と接する際には、どのような合理的な配慮をするべきなのかを考えるきっかけにしてもらえるとよいでしょう。

♪ 教材のアレンジや工夫 ♪

・動画はオリジナルキャラクター（犬）が、聴覚特別支援学校に遊びに来たという状況設定で作成してあります。聴覚特別支援学校の教室の特徴的な部分について、個別の動画で解説をしていく流れになっています。
・動画では設備面での特徴を分かりやすくまとめてあるため、聴覚に障害のない児童生徒が、聴覚に障害のある児童生徒に対する必要な支援について考えるきっかけになります。インクルーシブ教育システム、ひいてはユニバーサルデザインを考える上で、聴覚障害に対する理解を進めることができます。
・聴覚特別支援学校に在籍する当事者にとっても、動画の視聴を通じて自分自身が受けている支援環境を改めて理解し、将来的な進学や就職等の場面で必要となる支援内容を考えるようになるとよいでしょう。さらに、この動画は、当事者の立場からユニバーサルデザインを考えていくときに、一つのモデルともなります。
・動画の中で紹介されている教室の備品や学習用具等は、現在では更新されているものがあります（例えば、デジタルワイヤレス補聴援助システムへの変更、タブレット端末の配備等）。聴覚特別支援学校の学習環境の基本的な構成は従来と同様ですが、必要に応じて、教育現場の変化にも柔軟に対応させながら、編集や更新をしていく必要があります。本動画を参考にコンテンツを作成される場合には、ご留意ください。

Column10

視覚的に理解を促す教材について
～ICT 機器の活用～

　特別支援学校（聴覚障害）では、書き言葉（文字）や視覚的な資料を多く用いて幼児児童生徒とやり取りを行います。口話や手話でのコミュニケーションを土台としますが、授業で確実に情報を伝えることができるのは書き言葉（文字）であり、図や絵や写真などの視覚的な資料を併用しながら授業を進めます。そのため、教室（特に幼稚部と小学部）には多くの視覚的な資料が掲示されています。

　中学部以上になると、教科学習で扱う内容はより高度になり、扱う言葉も専門的な学習言語を主体としたものへと転換が進みます。そのため教室の掲示物だけでは視覚的な情報を十分に提示することが難しくなりますが、今日では ICT 機器を有効に活用することによってこのような課題を解消することができるようになっています。特別支援学校（聴覚障害）では資料をパソコンに保存・蓄積し、題材に応じて取り出して活用する授業スタイルが早くから確立していました。

　現在では一人一台のタブレット端末を活用しながら、学習を進めるようになっています。また、聴覚に障害があっても、円滑なコミュニケーションを可能にするアプリなども開発され、これらは特別支援学校だけではなく全国の学校現場に広く浸透しつつあります。いくつかの教材の例をご紹介します。

1　タブレット端末で操作する「DNA 研究の歴史」の仮想実験教材

　理科の学習は、身近な自然の事物・現象について生徒が自ら問題を見いだし解決する観察、実験を重視しています。しかし、高等学校の教科書には、例えばグリフィスの実験やハーシーとチェイスの実験などのように、遺伝子や DNA に関する実験が紹介されていますが、細菌や放射性物質を使用する実験であるため、授業で実施することは困難なものもあります。

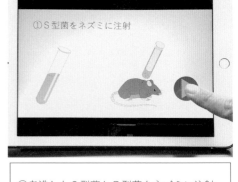

　本教材は、教科書に掲載されている困難な実験を仮想的に体験し、学習内容に対する興味関心や思考力、判断力、表現力を高めることを目的に作成しました。本教材を用いて仮想実験や意見交換を行うことで、課題の発見や探究活動につなげることができます。また、タブレット上で操作できるため、授業内だけでなく家庭学習にも利用できることで、学習内容の定着がより確かなものになります。

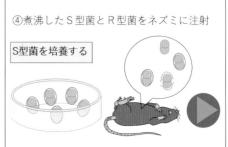

　聴覚障害児は、体験的な活動を通じた言語概念の形成や視覚的に情報を獲得しやすい教材・教具の工夫が重要となります。本教材はそのような聴覚障害児にとって有用なものとなります。

　なお、本教材は以下のサイトからご利用いただけますので、ご参照ください。

　https://www.deaf-s.tsukuba.ac.jp/
~kugawa-j/02/index.html

2 楽しい美術

　美術は、視覚的なイメージからのアプローチが制作の中心となります。しかし、作者の意図や造形要素などに着目しながら、自分の意見や感想を伝えられるようになること、言葉で制作の意図やねらいを明確にしながら、見通しや計画性をもって制作を進められるようになることについても、意識した指導が大切だと考えます。言葉での思考が十分でない場合、制作は必ず行きづまります。本教材は、美術の用語を学びながら、授業での発表や意見交換をスムーズに行うことをねらいに考案しました。

　作品画像と同時に多くのコメントが掲載されているため、作品批評の仕方を多角的な視点から学ぶことができます。また、電子黒板等に投影することで、作品に加筆し、意見を文字にして書いたり描画によって具体的に示したりすることができます。さらに、予習や他校との作品交流にも活用できます。海外の学校との作品交流にも活用したことがあり、収録する作品点数を増やせば、生徒作品によるバーチャル美術館をつくることができます。

3　インターネット・リテラシー教育用 トレーニングツール「Moral Quest」

　聴覚障害の特性を考慮した教育では、児童生徒が受容できる視覚情報量には限度があることを踏まえて、科学的な知見をもとに学習効率を高める工夫が必要になります。「Moral Quest」は、科学的な成果に基づいた学習によって、聴覚障害のある生徒のインターネット・リテラシーを育むことを目的とした e ラーニング教材です。本教材は、スマートフォンやタブレット端末、パソコンなどにインストールされたウェブブラウザを通じて、いつでも、さまざまな端末から、タップまたはクリックによる操作だけで利用できます。学習者自身の操作によって進行するため、画面上の情報量を自ら制御したり、繰り返し学習したりできる仕組みになっています。

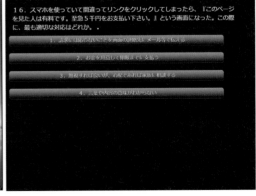

本教材の「トレーニング」は、江戸川大学の玉田和恵教授らが開発し、短時間で効率的に教育できる「3種の知識による情報モラル指導法」をもとに内容を構成しました。そして「トレーニング」の効果を測定する事前テストと、事後テストに相当するコンテンツ「授業前の実力チェック」と「授業後の実力チェック」は、総務省による「青少年がインターネットを安全に安心して活用するためのリテラシー指標」をもとに、安心ネットづくり促進協議会が開発した4択式21問のテストから出題しました。

　本教材による教育効果を検証した結果、特別支援学校（聴覚障害）高等部生徒の「ネット上の危険等に対応する能力」に関する得点を有意に向上させる効果が示唆されました。

　なお、本教材は以下のサイトからご利用いただけますので、ご参照ください。

https://tulab.org/moral/

4　学習場面や目的に応じた複数のアプリケーションの活用（英語）

　英語の指導では、「聞くこと」「読むこと」「話すこと」「書くこと」の4技能を習得させることが大切です。とりわけ「聞くこと」「話すこと」では、聴覚障害のある児童生徒にとって、一人一人の障害の状態や特性等に応じた指導方法の工夫が求められます。

　そこで、タブレット端末などのICT機器の活用により、視覚的に情報を補うことは、より効果的な学習を可能にします。「聞くこと」を補うためには、音声認識を用いたさまざまな文字起こしのアプリケーションが有効だと考えられます。また、学習指導要領で、英語でのさらなる発信力を求められている「話すこと」と「書くこと」については、ビジネスチャットツールである「Microsoft　Teams」のグループチャット機能などを使うことにより、即時性の高い英語でのやり取りの練習を助けます。また、「ロイロノート・スクール」に代表される授業支援クラウドは、英文添削や、生徒間の相互的な意見交換など、自分の意見を的確な英語で伝える練習に役立てられることが期待できます。複数のアプリケーションを学習場面や目的に応じて使い分けることで、英語の言語活動に必要な「Accuracy（正確さ）」と「Fluency（流暢さ）」をバランスよく身に付けることができると考えます。

　また、これらの手だては、APD（聴覚情報処理障害）や発達障害のある生徒などにも、視覚的な情報が多く保障される点において、安心かつ効果的な学習につながります。

　紹介した例は障害の特性に焦点をあてた教材や指導方法ですが、ユニバーサルデザインとしての性質も帯びています。障害の特性に応じた教材や指導法が、インクルーシブ教育システムとつながって多くの教育現場で活用されることを期待しています。

（附属聴覚特別支援学校　久川　浩太郎・内野　智仁・田中　豊大
特別支援教育連携推進グループ・附属聴覚特別支援学校　橋本　時浩）

◆筆算の手順表（p.38〜39）抜粋

2年生のふくしゅう

月	日

なまえ

24+13の ひっ算の しかた

十のくらい　一のくらい

```
   2 4
 + 1 3
```
くらいを たてに
そろえて かく

```
   2 4
 + 1 3
     7
```
一のくらいの
けいさんをする

4 + 3 = 7

```
   2 4
 + 1 3
     7
   3 0
```
十のくらいの
けいさんをする

2 + 1 = 3 ← 20+10＝30 という いみ

```
   2 4
 + 1 3
     7
   3 0
   3 7
```
あわせる

7 + 3 0 = 3 7

ひっ算のしかた②

| 25 + 14 |
| のひっ算の しかた |

なまえ

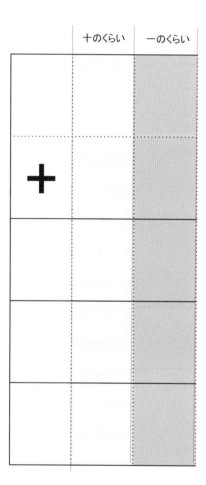

十のくらい　一のくらい

くらいを　たてに
そろえて　かく

一のくらいの
けいさんをする

＋　　＝

十のくらいの
けいさんをする

＋　　＝

あわせる

＋　　＝

122

Score せんせいといっしょにピアノをひこう！１

荒木哲弥

せんせいといっしょにピアノをひこう！２

荒木哲弥

おわりに

　本書を手にとっていただいた読者の皆様に、心より御礼申し上げます。

　本書の基となった、筑波大学附属特別支援学校5校の協働による「教材・指導法データベース」は、2012年に運営を開始しました。取組を開始して以来、沢山の先生方や支援してくださる方々のご協力を得て、2024年1月現在までに610を超える教材（英語版は229教材）のデータを収集し、特別支援教育連携推進グループが運用するサイトに随時掲載してまいりました。

　筑波大学附属特別支援学校で長年培われてきた多種多様な教材や指導法を、全国の特別支援教育に携わる先生方をはじめ多くの方々に知っていただきたい、学校現場ほか、あらゆる子どもたちの指導の場で活用いただきたいという思いのもと、データベースを書籍化しようと長い年月をかけて検討を重ねてきました。その思いが結実し、2020年3月に『授業を豊かにする筑波大附属特別支援学校の教材知恵袋』「教科編」、次いで2021年3月に「自立活動編」を発刊いたしました。

　これまでに書籍をご購入いただいた方々からは、「現場での指導に活用しています。」「書籍を参考にしながら、教材を作成しました。」等、おかげさまで沢山のご好評をいただきました。

　そして、教育的なニーズのある子どもの学びを支えるためには、教材や指導法のさらなる充実が必要ではないかという教育現場の切実な声に応えられるように、私たちは2年間の準備期間を経て、このたびデータベース選集シリーズの完結編となる本書「応用・発展編」を刊行するに至りました。

　この1年間、私たちグループ員は互いの障害種の専門性を生かしあい、対話を日々重ねながら、企画から構成、編集作業と、シリーズの集大成となる本書の完成に向けて協働してまいりました。

　共生社会の実現へ向けて、障害のある子どもの学びの場はより一層広がりつつあります。本書は特別支援学校の先生方はもちろん、幼・小・中・高等学校等の先生方ほか、教育に携わる一人でも多くの方に読んでいただければこの上なく幸いです。

　本書の発刊にあたり、文部科学省初等中等教育局視学官の菅野和彦先生にはご推薦を賜りましたこと、心より感謝申し上げます。筑波大学附属特別支援学校群の教材・指導法が多くの教育現場でご活用いただけるように、今後も努めてまいりたいと存じます。

　本書を含めたデータベース選集シリーズの発刊にあたり、原稿を執筆いただいた先生方にはお忙しい中でご尽力いただきました。また、筑波大学附属学校教育局の先生方、筑波大学人間系障害科学域の先生方には、多大なるご協力をいただきましたこと、改めて感謝申し上げます。さらに、これまでの特別支援教育研究センター、特別支援教育連携推進グループに携わられた皆様には、シリーズの刊行に際して常に温かく見守っていただき、数多くのお力添えをいただきました。

　ジアース教育新社の加藤勝博社長、編集部の市川千秋様には、シリーズの企画から出版に至る長い道のりを伴走してくださいました。折々に励まし支えていただき、今日の刊行を迎えることができました。

　これまでお世話になりました皆様に、厚く御礼を申し上げます。

　データベース選集シリーズは本書で完結いたしますが、引き続き私たち特別支援教育連携推進グループは、障害のある子どもの充実した学びのために邁進してまいります。

2024（令和6）年3月吉日

筑波大学特別支援教育連携推進グループ
中村　里津子・橋本　時浩・竹田　恵・稲本　純子

執筆者一覧 （五十音順）

附属視覚特別支援学校　　〒112-0015　東京都文京区目白台 3-27-6

内田　智也
佐藤　直子
佐藤　北斗
柴田　直人
丹治　達義
塚田　理恵
浜田志津子（前・教諭）
星　　祐子（前・学校長　現・国立特別支援教育総合研究所特任研究員）
山田　　毅（前・教諭　現・国士舘大学文学部教育学科非常勤講師）
山本　夏幹

附属聴覚特別支援学校　　〒272-8560　千葉県市川市国府台 2-2-1

内野　智仁
鈴木　牧子
田中　豊大
西分　貴徳
久川浩太郎
馬杉　　翠
谷口　洋子（前・教諭）

附属大塚特別支援学校　　〒112-0003　東京都文京区春日 1-5-5

漆畑　千帆（前・教諭　現・千葉県立市川特別支援学校）
佐藤　義竹

附属桐が丘特別支援学校　　〒173-0037　東京都板橋区小茂根 2-1-12

荒木　哲弥
石田　周子
大石　京子
岡本　義治
金子　栄生
木村　美佳子
小山　信博
佐々木　高一
笹木　昌太郎
杉林　寛仁
林　　秀輝
福西　八光

附属久里浜特別支援学校　　　〒239-0841　神奈川県横須賀市野比 5-1-2

　　遠藤　佑一
　　工藤　飛鳥
　　恒次　律枝
　　中田　明斗
　　久野明日見（前・教諭　現・長崎県立佐世保特別支援学校）
　　柳下　笑子

附属坂戸高等学校　　　　　　　〒350-0214　埼玉県坂戸市千代田 1-24-1

　　熊倉　悠貴

お茶の水女子大学附属中学校　〒112-8610　東京都文京区大塚 2-1-1

　　有友　愛子

筑波大学特別支援教育連携推進グループ

　　　　　　　　　　　　　　　〒112-0012　東京都文京区大塚 3-29-1　筑波大学東京キャンパス

　　稲本　純子（附属久里浜特別支援学校）
　　竹田　　恵（附属桐が丘特別支援学校）　編集主幹
　　中村里津子（附属視覚特別支援学校）
　　橋本　時浩（附属聴覚特別支援学校）　グループ長

附属学校教育局　　　　　　　　〒112-0012　東京都文京区大塚 3-29-1　筑波大学東京キャンパス

　　雷坂　浩之（附属学校教育局次長）

（所属・役職は 2024 年 3 月現在）

筑波大学特別支援教育連携推進グループ

〒112-0012　東京都文京区大塚 3-29-1
筑波大学東京キャンパス文京校舎 479
TEL 03-3942-6923　FAX 03-3942-6938
URL：https://www.gakko.otsuka.tsukuba.ac.jp/snerc/
E-mail：snerc@gakko.otsuka.tsukuba.ac.jp

※ QR コードを読み込んだときに、教材・指導法データベースのトップページが表示された場合は、ページの下にある「上記に同意して利用する」ボタンをクリックしてください。詳細ページをご覧いただけるようになります。

表紙／本文デザイン　　小林 峰子（アトリエ・ポケット）

筑波大学 特別支援教育 教材・指導法データベース選集 3
授業を豊かにする
筑波大附属特別支援学校の教材知恵袋
応用・発展編

2024 年 3 月 25 日　初版第 1 刷発行

編　著　　筑波大学特別支援教育連携推進グループ
発行者　　加藤 勝博
発行所　　株式会社 ジアース教育新社
　　　　　〒101-0054　東京都千代田区神田錦町 1 - 23 宗保第 2 ビル
　　　　　TEL 03 - 5282 - 7183　FAX 03 - 5282 - 7892
　　　　　Mail info@kyoikushinsha.co.jp
　　　　　URL https://www.kyoikushinsha.co.jp/

印刷・製本　シナノ印刷 株式会社
ISBN978-4-86371-678-0
Printed in Japan